Marco Thomas, Michael Weigend (Hrsg.)

Inklusion mit Informatik

10. Münsteraner Workshop zur Schulinformatik
9. Juni 2022 an der
Westfälischen Wilhelms-Universität Münster

Arbeitsbereich Didaktik der Informatik

Inklusion mit Informatik

10. Münsteraner Workshop zur Schulinformatik
9. Juni 2022 an der Westfälischen Wilhelms-Universität Münster

Herausgeber:
Prof. Dr. Marco Thomas, Dr. Michael Weigend
Westfälische Wilhelms-Universität Münster
Fachbereich Mathematik und Informatik
Institut für Didaktik der Mathematik und der Informatik
Corrensstraße 80
48149 Münster
E-Mail: DDI@uni-muenster.de

2., korrigierte Auflage

© 2022 Arbeitsbereich Didaktik der Informatik, Universität Münster
Herstellung und Verlag: Books on Demand , Norderstedt
ISBN 97837562227235

Vorwort

Wie rasch die Zeit vergeht! Im Jahr 2005 wurde der erste Münsteraner Workshop zur Schulinformatik initiiert. Nun feiert der MWS sein 10jähriges Jubiläum und greift mit dem Titel „Inklusion mit Informatik" ein neues altes Thema auf. Diversität hat den Informatikunterricht schon immer geprägt; denn einerseits ist Informatikunterricht im Schulkanon recht unterschiedlich etabliert und anderseits sind gerade im Bereich der Informatik Talent und Interesse in der Schülerschaft sehr heterogen. Inklusion geht aber weit über diesen Aspekt hinaus und stellt hohe Anforderungen an die allgemeinbildenden Schulen. Die Beitragenden des diesjährigen MWS nähern sich dem Thema aus verschiedenen Richtungen.

André Hilbig (Bergische Universität Wuppertal) untersucht NRW- Bildungsdokumente zur Informatik nach Barrieren und formuliert Aufgaben für die Didaktik-Forschung zur Umsetzung von Inklusion. Nataša Grgurina (Universität Groningen, NL) gibt einen Einblick in das neue Informatik-Curriculum der Niederlande, das Informatikunterricht für alle beschreibt.

Mehrere Arbeiten beschäftigen sich mit Fragen der Gestaltung von Informatikunterricht für heterogene Lerngruppen. Gia Minh Vo, Marco Kindervater und Meeri-Liisa Beste (Universität Hildesheim) stellen selbstdifferenzierende Aufgaben für den Anfangsunterricht vor. Kerstin Strecker (Universität Göttingen) diskutiert die Möglichkeit der Binnendifferenzierung durch Variation von Aufgabenstellungen und erläutert, wie man unterschiedliche Zugangswege zum Maschinellen Lernen gestalten kann. Der Beitrag von Fatma Batur, Torsten Brinda, Tobias Schroedler und Jan Strobl (Universität Duisburg-Essen) befasst sich mit der Sprachbildung im Informatikunterricht. Michael Weigend (Universität Münster) rückt leichte Programmieraufgaben, die ein größeres Publikum einschließen können, in den Fokus. Kensuke Akao und Johannes Fischer (TU Dortmund) berichten von der praktischen Erprobung einer Unterrichtseinheit mit haptischem Lernmaterial für sehbehinderte Kinder.

Ein wichtiger Gesichtspunkt ist die Vorbereitung auf inklusiven Informatikunterricht in der Lehrerbildung. Konrad Dornebusch, David Baberowski und Nadine Bergner (TU Dresden) gehen der Frage nach, wie informatische Inhalte als Brücke zwischen Inklusion und Digitalisierung in das Lehramtsstudium einfließen können und stellen ein Praxisbeispiel vor. Matthias Ehlenz, Birte Heinemann, Ulrik Schroeder (RWTH Aaachen) stellen das didaktische Konzept eines Praktikums zu Heterogenität und Inklusion für Informatik- und Elektrotechnik-Lehramtsstudiengänge vor.

Wir danken allen Autorinnen und Autoren für Ihre Beiträge und wünschen einen ertragreichen Workshop.

Münster, im Juni 2022   Marco Thomas und Michael Weigend

Inhaltsverzeichnis

Inklusion im Informatikunterricht

- Eingeladener Vortrag -

Susanne Dirks [1]

Abstract: Der Anteil von Schülerinnen und Schülern mit sonderpädagogischem Förderbedarf an den Regelschulen ist in den letzten zehn Jahren deutlich gestiegen. Den Unterricht und insbesondere den Informatikunterricht auf gelingende Weise inklusiv zu gestalten, ist eine große Herausforderung für die Lehrenden. In diesem Beitrag werden einige der wichtigsten Faktoren für das Gelingen des inklusiven Informatikunterrichts skizziert.

Keywords: Inklusion, Sonderpädagogischer Förderbedarf, Barrierefreiheit, Assistive Technologien.

1 Inklusion von Schülerinnen und Schülern mit Beeinträchtigungen

In den letzten zehn Jahren hat sich die Schulpolitik in Deutschland verstärkt für die Inklusion von Schülerinnen und Schülern mit sonderpädagogischem Förderbedarf in Regelschulen eingesetzt. Im Bericht der Kultusministerkonferenz über die Sonderpädagogische Förderung in Schulen von 2009 bis 2018 [KMK20] konnte ein relativer Anstieg des Anteils von Schülerinnen und Schülern mit sonderpädagogischem Förderbedarf, die Regelschulen besuchen, nachgewiesen werden. Trotz der im europäischen Vergleich geringen Fortschritte gibt es zunehmend mehr Schülerinnen und Schüler mit verschiedenen Arten von Beeinträchtigungen, die Regelschulen besuchen. Die Inklusion von Schülerinnen und Schülern mit sonderpädagogischem Förderbedarf in den Regelschulen führt zu einer weiteren Heterogenisierung der ohnehin schon sehr heterogenen Schülerpopulationen [Bö13]. Insbesondere im Informatikunterricht kommen Schülerinnen und Schüler mit sehr unterschiedlichen Vorkenntnissen und Erwartungen zusammen [Ca19]. Ein erfolgreicher Unterricht ist daher stark von den Fähigkeiten, dem Wissensstand und den didaktischen Konzepten der Lehrenden abhängig. Im Folgenden werden einige der wichtigsten Gelingensfaktoren für den inklusiven Informatikunterricht skizziert.

2 Gelingensfaktoren für einen inklusiven Informatikunterricht

Um den Informatikunterricht in den Regelschulen inklusiv und gewinnbringend

---

[1] TU Dortmund, Rehabilitationstechnologie, Emil-Figge-Str. 50, 44227 Dortmund, susanne.dirks@tu-dortmund.de, https://orcid.org/0000-0003-1055-5379

gestalten zu können, sind drei Aspekte besonders relevant: 1. Einstellungen, 2. strukturelle Bedingungen und 3. technische Voraussetzungen. Für viele Lehrende ist der inklusive Unterricht mit Verunsicherungen und zusätzlichen zeitlichen und inhaltlichen Belastungen verbunden [Am11]. Damit Inklusion gelingen kann, sind neben der Verbesserung der Ausbildung von Regelschullehrkräften im Bereich der Sonderpädagogik eine gute Vernetzung und praxisbezogene Zusammenarbeit der Informatiklehrenden notwendig. Die Möglichkeit kleinere, auf die Interessen und Fähigkeiten der Schülerinnen und Schüler abgestimmte Lerngruppen zu bilden, reduziert die didaktischen Herausforderungen für die Lehrenden und ermöglicht eine zielgruppengerechte Auswahl von Lerninhalten und die Anwendung von passenden didaktischen Methoden. Der Einsatz von assistiven Technologien zur Unterstützung von Schülerinnen und Schülern mit sonderpädagogischen Förderbedarf ist eine weitere Methode Inklusion und gemeinsames Lernen zu fördern. Im Informatikunterricht können diese Technologien nicht nur zur Unterstützung eingesetzt werden, sondern auch zu Lerninhalten werden. Alternative Eingabesysteme, wie z.B. eine Einhand-Tastatur, Fußschalter oder gyroskopische Mäuse sind interessante Beispiele für hardwarebasierte Unterstützungstechnologien. Softwarebasierte Unterstützungstechnologien, wie z.B. Sprachsteuerungen können als Praxisbeispiele für den Einsatz von KI genutzt werden. Kenntnisse über verfügbare assistive Technologien sollten idealerweise im Studium oder alternativ über Fortbildungen erworben werden. Besondere Herausforderungen ergeben sich bei der Auswahl von Programmierumgebungen und anderen Technologien, die im Informatikunterricht eingesetzt werden. Viele dieser Systeme sind nicht barrierefrei und können von Schülerinnen und Schülern mit Beeinträchtigungen nicht oder nur eingeschränkt genutzt werden. Für die Bewertung der Barrierefreiheit von digitalen Technologien sind Vorkenntnisse relevant, die leider immer noch nicht zum Curriculum der Informatikausbildung an deutschen Universitäten gehören. Hier können der kollegiale Austausch und Fortbildungen zur digitalen Barrierefreiheit weiterhelfen.

Diese hier genannten Faktoren zeigen exemplarisch, dass inklusiver Informatikunterricht grundsätzlich gelingen kann, wenn Lehrende und Lernende die Vorteile der Inklusion verstehen und durch eine Verbesserung der pädagogischen und technischen Ausbildung und der strukturellen Bedingungen in der Umsetzung unterstützt werden.

Bibliografie

[Am11]   Amrhein, B.: Inklusion in der Sekundarstufe - Eine empirische Analyse, Klinkhardt, Bad Heilbrunn, 2011.

[Bö13]   Böing, U.: Schritte inklusiver Schulentwicklung, Edition Bentheim, Würzburg, 2013.

[Ca19]   Capovilla, D.: Informatische Bildung und inklusive Pädagogik. Informatik für alle, 2019.

[KMK20]   KMK 2020: Sonderpädagogische Förderung in Schulen 2009 bis 2018. Berlin

Code-Puzzle für inklusiven Informatikunterricht

Alle Kinder lernen mit der für Förderschulen entwickelten Idee interaktiv!

Kensuke Akao[1], Johannes Fischer[2]

Abstract: Deutschland verpflichtet sich zur Implementation der Inklusion an Schulbildungen. Damit inklusiver Unterricht auch im Bereich Schulinformatik erfolgreich umgesetzt wird, ist die Weiterentwicklung der für Inklusion geeigneten Ideen nötig. Dennoch mangelt es sowohl Lehrkräften in Regelschulen als auch Forschenden im Bereich Didaktik der Informatik (DDI) oft an sonderpädagogischem Wissen. Deshalb suchen wir einen möglichen Weiterentwicklungsprozess zur Inklusion, der unabhängig von ihrem sonderpädagogischen Wissen ist, basierend auf die für Förderschulen statt Regelschulen entwickelten Unterrichtsvorhaben. Das Code-Puzzle wurde mit diesem Ansatz entwickelt. Dessen Potenzial wurde von blinden Sachverständigen sowie in der Schulpraxis untersucht. Ein besonderes Ergebnis war, dass das Code-Puzzle die Kinder beim Lernen sehr motiviert.

Keywords: Informatikunterricht; Inklusion; Codierung; adaptives Hilfsmittel

1 Einleitung

Die aktuelle UN-Politik fordert in der *Convention on the Rights of Persons with Disabilities (CRPD)* sowie den *Sustainable Development Goals (SDGs)* weltweit den Bildungsbereich zur Umsetzung der Inklusion auf. Seitdem steigt zwar die Umsetzungsquote schulischer Inklusion in Deutschland, aber diese Quote ist in der Sekundarstufe im Vergleich zur Grundschule deutlich niedriger [Kl15]. Außerdem wissen wir aufgrund unserer vorangegangenen Forschungsergebnisse, dass es oft an Hilfsmitteln für den inklusiven Informatikunterricht mangelt [AF20]. Wir gehen daher die Weiterentwicklung inklusiver Schulbildung an, indem wir adaptive Hilfsmittel in die Schulpraxis bringen.

Unser Ansatz ist, dass die für Förderschulen entwickelten Ideen für den Unterricht in der Regelschule mit Inklusion Anwendung finden. Eine von uns weiterentwickelte Idee ist das Code-Puzzle, bei dem die Kinder Teile des Barcodes wie ein Puzzle legen und dabei elementare Konzepte der Codierungstheorie kennenlernen. Dieser Beitrag stellt das Konzept des Code-Puzzles mit seinem Entwicklungsprozess vor. Anschließend folgt das Evaluationsergebnis.

---

[1] Technische Universität Dortmund, Fakultät für Informatik, Arbeitsgruppe Algorithmische Grundlagen und Vermittlung der Informatik, Otto-Hahn-Str. 14 44227 Dortmund kensuke.akao@tu-dortmund.de

[2] Technische Universität Dortmund, Fakultät für Informatik, Arbeitsgruppe Algorithmische Grundlagen und Vermittlung der Informatik, Otto-Hahn-Str. 14 44227 Dortmund johannes.fischer@cs.tu-dortmund.de

2 Wie können wir ein Lehrmaterial zur Inklusion erstellen?

2.1 Inklusion, angemessene Vorkehrung und Universal Design

In CRPD § 24 wird der Ansatz *angemessene Vorkehrung*[3] als Strategie für die Bereitstellung der Unterstützung zur schulischen Inklusion vorgestellt. Dabei ist der Einsatz von *Assistiver Technologie (AT)* ein wichtiger Faktor zur Anpassung des Unterrichts für Kinder mit Behinderungen. ATen „werden definiert als für den persönlichen Gebrauch entwickelte technische Hilfsmittel. Sie sollen die physischen, sensorischen oder kognitiven Fähigkeiten von Menschen mit Behinderung dahingehend stärken, dass die Betroffenen in unterschiedlichen Umgebungen mehr Unabhängigkeit gewinnen und ihre behinderungsspezifischen Eigenarten in den Hintergrund rücken" [CG16]. In DIN EN ISO9999:2017-03 werden „Hilfsmittel für Bildung und Training von Fähigkeiten/Fertigkeiten" auch als AT klassifiziert. Diese AT werden für die eignen Behinderungen von Kindern persönlich und spezifisch ausgelegt oder angepasst [Ro05]. Beim Unterricht werden AT für den Einsatz von PC z. B. wie Screen Reader oder Braillezeile für Kinder mit Sehschädigung angewendet [CG16].

Das *Universal Design*[4] ist ein weiterer in der CRPD genannter Ansatz für die Bedürfnisse von Menschen mit Behinderungen. Zur Anpassung eines Unterrichts für möglichst alle Menschen gibt es auch im Bildungsbereich die Anwendung der Universal-Design-Idee als *Universal Design for Learning (UDL)* [Ro01]. Dabei definiert *UDL Guideline* von *CAST* die drei Prinzipien „multiple Möglichkeiten der Förderung von Lernengagement", „multiple Mittel der Repräsentation von Informationen" und „multiple Mittel für die Informationsverarbeitung und die Darstellung von Lernergebnissen" zur Umsetzung des UDL [CA18].

2.2 Weiterentwicklung mithilfe der für Förderschulen entwickelten Ideen!?

Schulische Inklusion kann also dadurch umgesetzt werden, dass die Barrieren für die Inklusionskinder zuerst mithilfe des UDL so weit wie möglich beseitigt werden. Die nicht beseitigten Barrieren werden dann durch angemessene Vorkehrung weiter an den Förderbedarf angepasst. Aus diesem Grund müssen die Lehrkräfte an ihren bisher umgesetzten Unterrichtsvorhaben gegebenenfalls sonderpädagogische Änderungen vornehmen, um Kinder mit Behinderungen zu betreuen. Dabei sind umfangreiche Ideen zum inklusiven Informatikunterricht nötig, insbesondere Hilfsmittel.

---

[3] Angemessene Vorkehrung heißt „notwendige und geeignete Änderungen und Anpassungen, die keine unverhältnismäßige oder unbillige Belastung darstellen und die, wenn sie in einem bestimmten Fall erforderlich sind, vorgenommen werden, um zu gewährleisten, dass Menschen mit Behinderungen gleichberechtigt mit anderen alle Menschenrechte und Grundfreiheiten genießen oder ausüben können (CRPD §2)".

[4] Universal Design bedeutet „ein Design von Produkten, Umfeldern, Programmen und Dienstleistungen in der Weise, dass sie von allen Menschen möglichst weitgehend ohne eine Anpassung oder ein spezielles Design genutzt werden können (CRPD §2)".

Es gibt einige aktive Inklusionsprojekte. Beispielweise ermöglicht der *TurtleCoder* die Umsetzung des blockorientierten Programmierens mit Turtle-Grafik für verschiedene Förderbedarfe in der Inklusion[SS20]. Jedoch wurde diese Idee von sonderpädagogischen Sachverständigen der Erziehungswissenschaft mithilfe der Unterstützung von Hilfsorganisationen entwickelt. Problematisch ist, dass es kaum DDI-Forschende mit sonderpädagogischem Wissen an deutschen Hochschulen gibt, außerdem arbeiten fast die Hälfte der Informatiklehrkräfte an Regelschulen in NRW noch ohne erworbene Kenntnisse zur Inklusion [AF21, AF20]. In diesem Zusammenhang bezweifeln wir, dass solche Forschende oder Lehrkräfte eine erfolgreiche Maßnahme wie die Entwickler von TurtleCoder leisten können, obwohl ein Förderbedarf durch einen Informatikunterricht festgestellt werden kann. Deshalb dürfte es sowohl in der Schulpraxis als auch in der DDI-Forschung äußerst schwierig werden, zielführende Ideen für die praktische Umsetzung der Inklusion herauszufinden. Es ist dringend notwendig, die derzeitige Situation zu verbessern, da das Ministerium für Schule und Bildung des Landes Nordrhein-Westfalen (NRW) sich seit 2014 mit dem Schulgesetz NRW § 2 (5) zur Implementation der Inklusion verpflichtet.

Wir streben einen Entwicklungsprozess zur optimalen Umsetzung der Inklusion im Unterricht an, der unabhängig von der sonderpädagogischen Kompetenz der Informatiklehrkräfte oder DDI-Forschenden ist. Unsere Hypothese ist, dass die für Förderschulen entwickelten Ideen mithilfe ihrer DDI-Fachkompetenz für andere Kinder noch leichter erweitert werden könnten. Diese Ideen wurden normalerweise von sonderpädagogischen Fachkräften für einen bestimmte Förderbedarf entwickelt, deshalb müssen sie bereits genug Potenzial zur Anwendung zum inklusiven Unterricht haben. Jedoch könnte eine neue Barriere ihrer behinderungsspezifischen Gestaltung gegenüber anderen Kindern entstehen. Z. B. wenn eine Idee spezifisch für die Blindheit entwickelt wird, könnte es ihr an einer visuellen oder symbolischen Darstellung zum Lernen fehlen.

Um diesen Entwicklungsprozess zu erproben, tauschten wir uns zunächst mit Förderschulen und Universitäten aus, die im Bereich der Sonderpädagogik tätig sind. Daraufhin trugen wir Ideen für Hilfsmittel zum Informatikunterricht zusammen. Dabei wurden wir auf einen Barcode aus Schwellpapier[5] aufmerksam, der ursprünglich von Makoto Kobayashi an der *National University Corporation Tsukuba University of Technology* entwickelt wurde. Die Lernenden mit Sehschädigung können somit etwas über die Codierungstheorie einer in ISO/IEC 15420 genormten Art des Barcodes *European Article Number (EAN)* lernen, indem sie Zettel jedes Barcodeteils wie ein Puzzle legen (Abb. 1).

2.3 Ursprüngliche Idee für die Umsetzung in den Förderschulen

Im Folgenden wird erklärt, wie die ursprüngliche Idee des Barcode-Puzzle funktioniert. Die EAN repräsentiert Zahlen mittels 7 Bit pro Ziffer durch zwei Striche und zwei Leerstellen.

---

[5] Das Schwellpapier ist eine haptisch erkennbare AT für Menschen mit Sehschädigung. Durch eine Erhitzung an den schwarz markierten Bereichen dehnt es sich aus.

Abb. 1: Barcode-Puzzle aus Schwellpapier von Makoto Kobayashi

An den beide Enden des Codes gibt es Randzeichen und in der Mitte ein Trennzeichen, das den Code in eine rechte und eine linke Seite teilt. Eine Variante von EAN ist der EAN-8-Barcode, der eine 8-stellige Zahl repräsentiert, wie Abb. 2 zeigt. Der Code hat für jede Ziffer zwei verschiedene Muster, die zueinander invers sind. Jede Seite hat vier Stellen. Auf der linken Seite kommt immer das Muster, das mit einer Leerstelle beginnt; Auf der rechten Seite kommt ein anderes Muster, das mit einem Strich beginnt. Die letzte Ziffer vom EAN-8 Barcode ist die Prüfziffer, um die gesamte gescannte Zahl zu überprüfen. Die Prüfziffer kann man mithilfe folgender Prozedur berechnet werde: zunächst werden die Ziffern von links nach rechts abwechselnd mit 3 und 1 multipliziert; dann werden die jeweiligen Ergebnisse addiert; schließlich ergibt die Differenz zum nächsthöheren Vielfachen von 10 die Prüfziffer. Die Prüfziffer „3" von dem Beispielcode „01230123" im Abb. 2 kann mit folgender Formel herausgefunden werden:

$$0*3+1*1+2*3+3*1+0*3+1*1+2*3 = 17 \qquad (1)$$

$$20 - 17 = 3 \qquad (2)$$

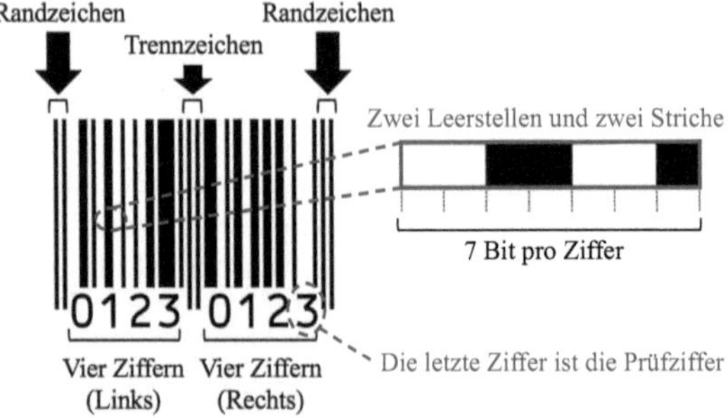

Abb. 2: Struktur des EAN-8-Barcodes

Damit Lernende mit der Sehschädigung ihren eignen EAN-Barcode wie ein Puzzle aufbauen können, wurden alle Variationen der Striche, die die Zahlen 0 bis 9 sowie das Rand-/Trennzeichen darstellen, auf das Schwellpapier gedruckt; nach der Erhitzung zur Ausdehnung wurde ein Magnetblatt auf die Rückseite des Papiers geklebt; zum Abschluss wurde der Code in seine einzelnen Ziffern geschnitten (Abb. 3). Jeder Zettel aus Schwellpapier stellt ein Teil des Barcodes dar. Den mit dieser Codierungsregel auf der Magnettafel aufgebauten Code können Lernende haptisch erkennen. Der größte Vorteil ist, dass das aufgebaute Puzzle mit einem Barcode-Scanner lesbar ist. Das Material unterstützt die Interaktivität beim Lernen, da die Lernenden ihre Ergebnisse durch das Scannen selbst überprüfen können.

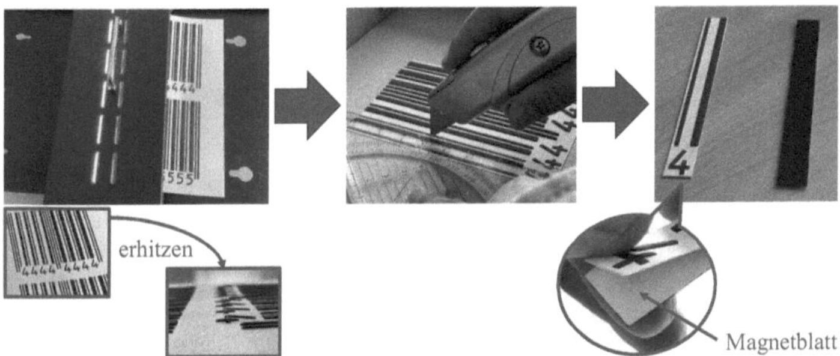

Abb. 3: Fertigung des Puzzles aus Schwellpapier

3 Entwicklung des Code-Puzzles

3.1 Lerninhalt „Information und Daten" und Barcode als Beispiel

Da die ursprüngliche Idee in Japan entwickelt wurde, gilt es zu prüfen, ob sie auch in Deutschland inhaltlich umsetzbar ist. Wir schlagen zunächst in den Bildungsstandards der Gesellschaft für Informatik als allgemeine Aufbaumöglichkeit eines Informatikunterrichts nach [GI08]. In den Bildungsstandards gibt es ein Thema *Darstellungsformen der Information* für die 5. bis 7. Klasse im Rahmen des Inhaltsbereichs *Information und Daten* [GI08, S.24-25]. Hier werden Flaggensignale, Morsezeichen, Blindenschrift oder selbsterfundene Geheimschriften als Beispiele genannt. Der Barcode ist somit ebenfalls als eine Alternative anzusehen. Konkrete Unterrichtsbeispiele für deutsche Schulinformatik wurden bisher z. B. vom *Zentrum für Schulqualität und Lehrerbildung in Baden-Württemberg*[6], *Zentrale für Unterrichtsmedien im Internet e.V.*[7] und vom Schülerlabor Informatik der *RWTH Aachen*[8] mit dem Thema Barcode entwickelt.

Im Land NRW gibt es Kernlehrpläne für das (Wahlpflicht-)Fach Informatik in der Sekundarstufe. Den Kernlehrplänen zufolge sollen Beispiele der Codierung und ihre Codierungstheorie ab 5. bis 8. Klasse im Inhaltsfeld *Information und Daten* umgesetzt werden. Außerdem

---

[6] https://lehrerfortbildung-bw.de/u_matnatech/informatik/gym/bp2016/fb1/1_daten_code/

[7] https://unterrichten.zum.de/wiki/Codes_im_Alltag:_Der_Barcode

[8] https://schuelerlabor.informatik.rwth-aachen.de/sites/default/files/dokumente/Handbuch-GTIN-QR-Codes.pdf

werden die Strichcodes inkl. 2D-Code, z. B. *QR-Code* oder *PDF417* in unserem Alltag oftmals verwendet. Deshalb kann dieser Lerninhalt auch mit einem anderen Inhaltsfeld *Informatik, Mensch und Gesellschaft* thematisch deutlich verknüpft werden. Beispielsweise kann das Thema Barcode im Wahlpflichtfach Informatik für 7. oder 8. Klasse folgende inhaltliche Schwerpunkte[9] abdecken, die im Kernlehrplan für die Realschule genannt wurden:

„Daten und ihre Codierung
 Die Schülerinnen und Schüler
- erläutern, wie Daten in geeigneter Weise codiert werden, um sie mit dem Computer verarbeiten zu können (A), [...]
- nennen Beispiele für die Codierung von Daten (Binärcode, ASCII) und beschreiben verschiedene Darstellungsformen von Daten (in natürlicher Sprache, formalsprachlich, graphisch) (DI)" [Mi15, S.17-18],

„Chancen und Risiken der Nutzung von Informatiksystemen
 Die Schülerinnen und Schüler[...]
- stellen die Veränderungen des eigenen Handelns durch Informatiksysteme in Schule und Freizeit dar (KK), [...]
- beschreiben Möglichkeiten der Manipulation digitaler Daten und beurteilen das damit verbundenen Gefährdungspotential (A), [...]
- beschreiben Berufe, in denen Informatiksysteme genutzt oder produziert werden (KK)" [Mi15, S.20].

3.2   Weiterentwicklung des Konzepts zur Inklusion

Nun entwickeln wir diese ursprüngliche Idee aus der Perspektive von einem Kind ohne Behinderung bzw. einer Regelschule weiter. Das erste Problem ist, dass die Klassen in Regelschulen größer sind als in Förderschulen. Das zweite Problem besteht darin, dass die Größe des Barcodes der ursprünglichen Idee zu klein ist, um in Partner- bzw. Gruppenarbeit erkannt werden zu können.

Unsere Lösung ist, das Puzzle aus Silikonmaterial mithilfe der Gussformen nachzuformen (Abb. 4). Das Puzzle stellt einen auf 505 mm vergrößerten EAN-8-Barcode mit dem Höhenunterschied von 2 mm zwischen dem weißen und schwarzen Strich dreidimensional dar (Abb. 5). Die Kinder können erkennen, welche Zahl das Puzzle repräsentiert, indem sie die verschiedenen Breiten der Leerstellen und Strichen messen. Deshalb gibt es Einschnitte im Abstand von 5 mm an der Oberseite des Puzzles, um diese Länge optisch oder haptisch leicht zu zählen. Zudem ermöglicht das Silikonmaterial mithilfe der hohen Reibung eine einfache Handhabung, und gibt dem Puzzle genug Stabilität bei häufiger Benutzung durch Kinder. Das aufgebaute Puzzle ist, wie bei der ursprünglichen Idee, mit einem Barcode-Scanner lesbar.

---

[9] Alphabete in Klammern sind die Abkürzung des mit genannten Schwerpunkten verknüpften Kompetenzbereichs:
 (A) Argumentieren, (DI) Darstellen und Interpretieren, (KK) Kommunizieren und Kooperieren

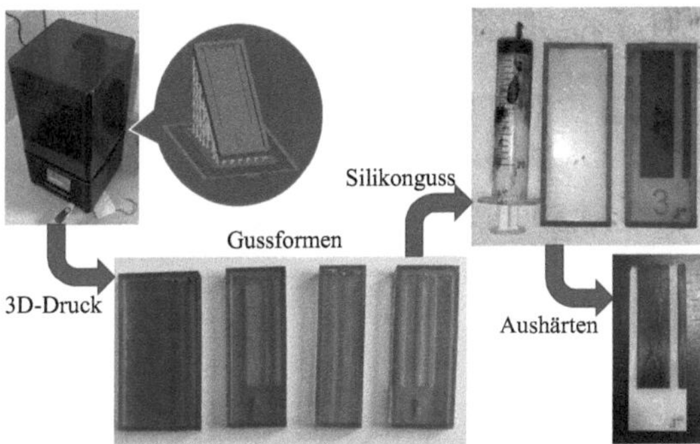

Abb. 4: Produktion des Puzzles mithilfe der Gussform

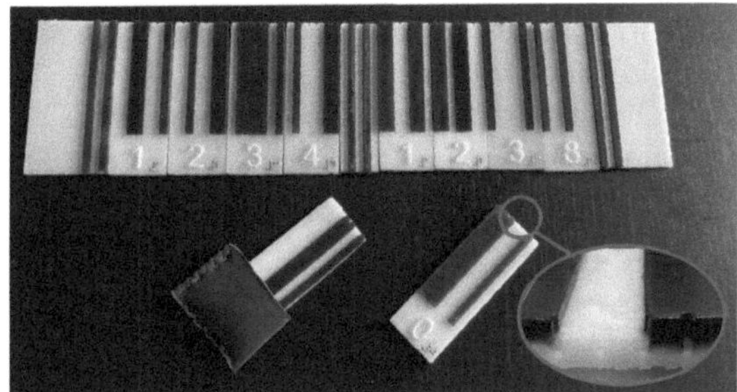

Abb. 5: Code-Puzzle aus Silikon

Außerdem fügten wir drei zusätzliche AT für blinde Lernende hinzu, wie Abb. 6 zeigt. Die erste AT ist ein Holzrahmen, in das die elf Puzzleteile dicht eingesetzt werden können, weil der Scanner sie nicht lesen kann, falls es zwischen den Teilen zu viel Zwischenraum gibt. Zweitens wurde der Brailleschrift auf dem Puzzle eingebettet, weil bei der Bearbeitung einer Aufgabe die auf die Puzzleteile geschriebene Ziffer gelesen werden müssen. Die letzte AT ist eine Produktverpackung, deren Etikett inkl. Barcode mit Schwellpapier aufgedruckt wurde, damit blinde Kinder auch den Einsatz von Barcode u. a. an der Kasse haptisch kennenlernen.

3.3 Aufbau des Unterrichtsvorhabens

Die Anwendung des Code-Puzzles zur Schulinformatik wurde als ca. 10 - 15 UStd. Unterrichtsvorhaben konkretisiert, das aus fünf Phasen besteht. Die Unterrichtsvorhaben lehnt sich eng an den Kernlehrplan SEK-I für die Realschule in NRW an, dabei wurden alle in Abs. 3.1 genannten inhaltlichen Schwerpunkte abgedeckt. Im Tab. 1 wird die Sequenzierung des Vorhabens zur ganzen Unterrichtseinheit gezeigt. Der Lehransatz basiert auf Discovery

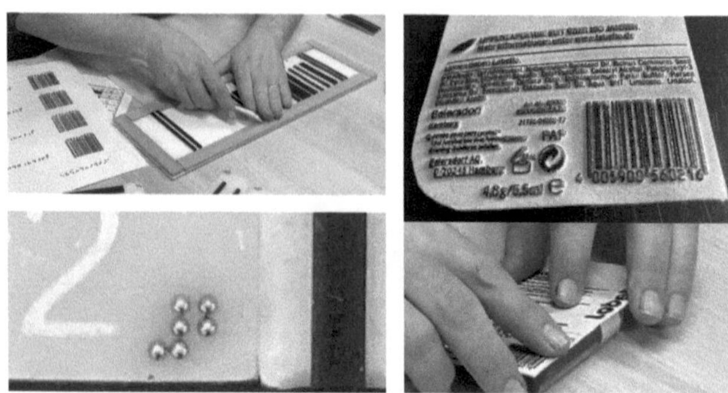

Abb. 6: Weiterentwickelte AT für blinde Kinder

Learning. Als Sozialform bei der Bearbeitung der Aufgaben mit dem Code-Puzzle wird die Partnerarbeit gewählt, damit Kinder den anforderten Kompetenzerwerb bezüglich „Argumentieren" sowie „Kommunizieren und Kooperieren" gut erreichen.

Phase	Inhaltsbezogene Kompetenzen	Inhalt / Material
1	(1) SuS können Beispiele zur Verwendung von dem Code im Alltag wissen, (2) SuS können an mehreren Beispielen (z. B. Eiercode, Gutscheincode, QR-Code usw.) die das zugrundeliegende Prinzip des Codes und erläutern.	Daten scannen! - Arbeitsblatt: Welches Ei ist ein Bio-Ei??? - Arbeitsblatt: Code im Alltag
2	(3) SuS können mithilfe des Beispiels „Barcode" erläutern, dass Informationen codiert werden können und wofür die Codierungen an Anwendungsfällen sein können, (4) SuS können Ziffern nach einem vorgegebenen Codierungsregel codieren und decodieren.	Codierung mit einem Barcode - Arbeitsblatt: Enkodierung des Barcodes (EAN-8) - Arbeitsblatt: Dekodierung des Barcodes (EAN-8) - Code-Puzzle
3	(5) SuS können das Prinzip des Binärsystems erklären (6) SuS können erläutern, wie Daten in geeigneter Weise codiert werden, um sie mit dem Computer verarbeiten zu können	Computer, Barcode und Digitalsignal - Arbeitsblatt: Wie verstehet der Computer Barcode? - Code-Puzzle
4	(7) SuS können die Prüfziffer, die Fehler erkennen kann, erläutern und berechnen (8) SuS wissen, dass Codes falsch gelesen werden können oder manipuliert werden können,	Codierungsregeln und Fehler - Arbeitsblatt: Prüfziffer „Modulus 10 check digit with weights of 3" - Code-Puzzle
5	(9) Wiederholung aller inhaltsbezogenen Kompetenzen	Schülervortrag: Die Rolle der Codierung in unserer Gesellschaft - Arbeitsblatt - Präsentationsgeräte

Tab. 1: Sequenzierung des Unterrichtsvorhabens „Daten und ihre Codierung"

4 Erprobung des Code-Puzzles im Unterrichtsvorhaben

4.1 Aufbau der Erprobung

Das von uns entwickelte Code-Puzzle wurde von einem blinden Sachverständigen und auch von einer Lehrkraft in einer Realschule in NRW empirisch erprobt. Das Ziel war es herauszufinden, (a) ob eine für Kinder mit bestimmten Förderbedarf spezifisch entwickelte Idee des Lehrmaterials ohne Beeinträchtigung der ursprünglichen sonderpädagogischen Funktion weiterentwickelt werden kann; (b) ob die Idee zum Unterricht in Regelschulen allgemein anwendbar ist.

Unser Sachverständiger leidet an erworbener Blindheit. Da sich seine Sehstärke erst im Laufe seines Lebens verschlechtert hat, weiß er, wie ein Barcode an der Kasse gescannt wird. Er lebt hauptsächlich mithilfe der akustischen Hilfsmittel u. a. Screen Reader. Sein haptischer Sinn ist nicht stark ausgeprägt, deshalb kann er nicht gut z. B. Brailleschrift ertasten. Für die Evaluation hatten wir nach der Bearbeitung der Aufgaben mit dem Code-Puzzle mit ihm ein Interview über seine Erfahrungen durchgeführt, das wir anschließend qualitativ analysierten.

Unser Kooperationspartner als Informatiklehrkraft einer Realschule setzte unser Unterrichtsvorhaben in seinem Informatikkurs einer 7. Klasse um. Für die Evaluation wurden ein Vorkenntnistest zu Beginn der 1. Sitzung und eine Umfrage mit Übungsaufgaben nach der letzten Sitzung unter den Teilnehmenden durchgeführt. Anschließend wurden die Ergebnisse halbquantitativ analysiert. Nach dem Unterricht machten wir zudem ein Interview mit der Lehrkraft und führten anhand dessen eine qualitative Analyse durch.

4.2 Evaluationsergebnis 1: Feedback eines blinden Sachverständigens

Unser Sachverständiger konnte die Aufgaben mit dem Code-Puzzle problemlos bearbeiten, und er stimmte zu, dass diese Idee sowohl für Kinder mit schwerer Sehbehinderung als auch für blinde Kinder sonderpädagogisch geeignet ist. Er konnte zwar die Brailleschrift auf dem Puzzle nicht ertasten, aber die dreidimensionalen arabischen Ziffern waren für ihn gut erkennbar. Er ist der Meinung, dass der Barcode ein besonders passendes Thema für Menschen mit Sehschädigung ist, weil er heutzutage im Alltag mit der AT als Smartphone-App gescannt wird, um Produkte identifizieren zu können.

Ein Verbesserungsvorschlag wurde ebenfalls gegeben. Das Silikonmaterial ist zwar eine gute Überlegung für die Sehschädigung, da es den Fall der Puzzleteile von dem Tisch verhindert, aber seine hohe Reibung beeinflusst das richtige Auslegen des Puzzles negativ. Seine Empfehlung ist, den Rahmen mit einem besser gleitenden Material zu versehen. Weitere Erweiterungen zur Unterstützung blinder Kinder, deren Tastsinn nicht genug trainiert ist, sind erwünscht, da die ursprüngliche Idee unter der Annahme entwickelt wurde, dass die Lernenden tasten können. Zum Beispiel konnte er nicht gut die Tabelle der Codierungsregel aus Schwellpapier ertasten, deshalb war beim Aufbau eines Strichcodes die Unterstützung durch eine Hilfsperson nötig.

4.3 Evaluationsergebnis 2: Feedback und Lernergebnisse von den Schulkindern

Der Unterricht mit dem Code-Puzzle fand im Oktober und November 2021 statt. Unter den 15 teilnehmenden Kindern dieses Informatikkurses war kein Kind mit sonderpädagogischem Förderbedarf. Alle Kinder lernten in der 6. Klasse schon im Informatikunterricht die Codierungstheorie mit Verschlüsslung kennen, jedoch war ihr Wissen über dieses Thema oft nicht gefestigt oder wurde ganz vergessen. Unter 13 Kindern war der Informatikunterricht beliebt, aber nur acht Kinder äußerten im Voraus Interesse, etwas über Codierung zu lernen.

Tab. 2 ist die quantitative Analyse mit sechsstufiger Likert-Skala (1: Stimme gar nicht zu - 6: Stimme völlig zu) bezüglich der Lernergebnisse von Kindern. Daraus lässt sich ableiten, dass das Code-Puzzle zum erfolgreichen Lernen beitragen kann, und insbesondere die Lernenden motivieren kann.

Frage (1: Stimme gar nicht zu - 6: Stimme völlig zu)	1	2	3	4	5	6
Hat das Code-Puzzle dich motiviert, das Thema Codierung zu lernen?	0	0	0	5	7	3
War es für dich einfach, einen Barcode mit dem Code-Puzzle aufzubauen?	0	0	1	6	6	2
Konntest du den Lerninhalt gut verstehen?	0	0	1	2	11	1

Tab. 2: Quantitative Analyse bezüglich der Lernmotivation sowie der Selbsteinschätzung

Als nächsten Schritt analysieren wir ihre Lernerfolge mithilfe der Übungsaufgaben qualitativ. Bezüglich der Funktionsweise der EAN-8-Barcode konnten elf Kinder die Struktur des Barcodes richtig beschreiben. Zehn dieser elf Kinder konnten auch über die Repräsentation der Ziffern Aussagen treffen. Die Aussagen weiterer drei Kinder waren falsch, und ein Kind konnte nichts beschreiben. Eine Anwendungsaufgabe über die Funktionsweise des 2D-Codes im Beispiel *PDF417*, die im Unterricht noch nicht umgesetzt wurde, konnten sieben Kinder richtig beantworten. Elf Kinder kennen zwar die Position der Prüfziffer in EAN-8, aber nur ein Kind konnte die Formel für die Prüfziffer vollständig beschreiben. Sechs Kinder machten den gleichen Fehler, dass sie alle acht Ziffern inkl. der letzten Prüfziffer von links nach rechts abwechselnd mit 3 und 1 multiplizierten. Weitere drei Kinder gaben andere unvollständige Antworten und fünf Kinder hatte keine Ahnung, wie er ausgerechnet werden kann.

4.4 Evaluationsergebnis 3: Feedback von der Lehrkraft

Die Lehrkraft war der Ansicht, dass die Kinder insgesamt sehr viel Spaß mit dem Puzzle hatten, und die Lerntätigkeit gut ankam. Die Kombination mit dem Inhaltsfeld *Informatik,*

Mensch und Gesellschaft unterstützt Kinder beim Lernen beispielsweise die Vertiefung der Inhalte mit dem Eier Code.

Der Lehrkraft gefällt besonders, dass Kinder beim Lernen der Codierungstheorie mithilfe des Puzzles selbst die Lösung des Problems beheben können. Beispielweise kam bei den Kindern am Anfang die Frage auf, warum ein Code, in dem ein Teil für rechts in der linken Stelle eingegliedert wird, nicht lesbar ist. Aber beim Zusammensetzen des Puzzles konnten die Kinder selber das System herausfinden, das besagt, dass die Codierungsregel in der linken und rechten Seite verschieden ist, damit die Leerstellen und Striche benachbarter Teile bei der Darstellung eines Codes nicht miteinander verbunden sind. Ihr gewonnenes Wissen konnte schließlich mithilfe der Lückentextaufgabe gefestigt werden.

Der in Phase 3 (S. Tab. 1) geplante Inhalt bezüglich des elektrischen digitalen Signals (Low-High) und des Binärsystems u. a. Umrechnung Binärzahlen zu Dezimal war für die Kinder in der 7. Klasse zu kompliziert. Da der Unterricht zusätzlich die Vorkenntnisse der Physik sowie Mathematik, die bisher noch nicht gelernt wurden, nötig ist, empfiehlt die Lehrkraft, dass diese Inhalte reduziert werden.

5 Fazit und Ausblick

Dem Informatikunterricht in der Schulpraxis mangelt es noch an für die Inklusion geeigneten Lehr/Lernmaterialien. Das Code-Puzzle zeigte einen möglichen Weiterentwicklungsprozess inklusiven Informatikunterrichts für Informatiklehrkräfte und DDI-Forschende ohne sonderpädagogisches Wissen. Das von uns entwickelte Unterrichtsvorhaben funktionierte im Unterricht, und wir entwickeln momentan weitere Ideen mit diesem Prozess zum Beispiel Physical-Computing mit einem großen Kuckucksuhr-Modul. Jedoch ist dieser von einigen wenigen Lehrkräften sowie Forschenden für sonderpädagogische Förderung abhängige Prozess der Schulinformatik auf lange Sicht nicht nachhaltig. Fakt ist, dass so viele Informatiklehrkräfte, DDI-Studierende und DDI-Forschende weiter im Bereich des sonderpädagogischen Wissens qualifiziert werden müssen, u. a. durch inklusionsorientierte/s Lehrkräftebildungen oder Faculty Development.

Literaturverzeichnis

[AF20] Akao, K.; Fischer, J.: Wie läuft die Umsetzung inklusiven Informatikunterrichts tatsächlich? - Eine Lehrerumfrage zum inklusionsorientierten Unterricht. In (Thomas, M.; Weigend, M., Hrsg.): Mobil mit Informatik. BoD, Norderstedt, S. 9–18, 2020.

[AF21] Akao, K.; Fischer, J.: Zum Stand der Lehramtsausbildung für einen inklusiven Informatikunterricht. In (Humbert, L., Hrsg.): Informatik – Bildung von Lehrkräften in Allen Phasen. LectureNotes in Informatics(LNI)-Proceedings, Bonn, S. 291–294, 2021.

[CA18] CAST: Universal design for learning guidelines version 2.2. 2018.

[CG16] Capovilla, D.; Gebhardt, M.: Assistive Technologien für Menschen mit Sehschädigung im inklusiven Unterricht. Zeitschrift für Heilpädagogik, 1(67):4–15, 2016.

[GI08] GI (Gesellschaft für Informatik e. V.): Grundsätze und Standards für die Informatik in der Schule - Bildungsstandards Informatik für die Sekundarstufe I. LOG IN Verlag GmbH, Berlin, 2008.

[Kl15] Klemm K.: Inklusion in Deutschland - Daten Und Fakten. Bertelsmann Stiftung, 2015.

[Mi15] Ministerium für Schule und Weiterbildung des Landes Nordrhein-Westfalen: Kernlehrplan für die Realschule in Nordrhein-Westfalen Wahlpflichtfach Informatik. 2015.

[Ro01] Rose, D.: Universal Design for Learning. Journal of Special Education Technology, 16(2):66–67, 2001.

[Ro05] Rose, D. et al.: Assistive Technology and Universal Design for Learning: Two Sides of the Same Coin. S. 507–518, 2005.

[SS20] Schneider, J.; Schmidt, T.: Das Turtle-Buch: Ein Handbuch zum Programmieren für alle in inklusiven Lernszenarien. EDUDESK, Berlin, 2020.

Diversität im Informatikunterricht als Gestaltungsaufgabe der Fachdidaktik

André Hilbig[1]

Abstract: Informatik ist ein wichtiger und notwendiger Bestandteil der allgemeinen Bildung. Damit alle Schüler*innen ihren persönlichen Lernweg gehen können, ist es wichtig und notwendig, konsequente Barrierefreiheit sowohl in Beratungssituationen als auch in der Gestaltung von Bildungsprozessen zum Beispiel durch geeignete Bildungsdokumente zu gewährleisten. Daraus ergibt sich eine Gestaltungsaufgabe für die Didaktik der Informatik.

Keywords: Informatikunterricht; Inklusion; Diversität; Bildungsdokumente

1 Motivation

Inklusion ist spätestens seit der in Deutschland 2009 erfolgten Ratifizierung der UN-Behindertenrechtskonvention [vgl. Be17] eine viel diskutierte Aufgabe innerhalb von Bildungskontexten. Lehrkräfte aller Schulformen berücksichtigen heute die unterschiedlichen Voraussetzungen und Bedürfnisse aller Schüler*innen bei ihrer Unterrichtsgestaltung. Damit der Umgang mit Diversität im Unterricht gelingt, müssen Lehrkräfte im Rahmen der Lehrkräftebildung darauf vorbereitet und unterstützt werden [vgl. Sc18a, S. 7]. Inklusiver Unterricht kann jedoch nicht nur als übergeordnete bildungswissenschaftliche Aufgabe betrachtet werden. In den weiterführenden Schulen (Sekundarstufe I) wird fachspezifischer Unterricht von Fachlehrkräften durchgeführt. »Besonders selten erfolgt eine Thematisierung [von Inklusion] aus fachdidaktischer Perspektive« [Sc18a, S. 7]. Die Inklusion ist damit auch für die Informatikdidaktik eine notwendige Gestaltungsaufgabe.

2 Barrieren verhindern die Teilhabe an Bildung

Diversität beschreibt die Vielfalt von Menschen.

> »Das schließt sowohl Behinderungen im Sinne der Behindertenrechtskonvention ein, als auch besondere Ausgangsbedingungen z. B. Sprache, soziale Lebensbedingungen, kulturelle und religiöse Orientierungen, Geschlecht sowie besondere Begabungen und Talente« [HR15, S. 2].

---

[1] Bergische Universität Wuppertal, Didaktik der Informatik, Gaußstraße 20, 42119 Wuppertal, Deutschland
hilbig@uni-wuppertal.de

Dieser Vielfalt kann selektiv oder integrierend begegnet werden [Re12, S. 7]. Eine Gruppe von Lernenden bildet unabhängig von der Schulform immer (einen Teil) der Heterogenität der Gesellschaft ab. »Diversität in einem umfassenden Sinne ist Realität und Aufgabe jeder Schule« [HR15, S. 2] und damit auch des Informatikunterrichts. In Bildungskontexten sollte die Vielfalt der Lernenden positiv und integrierend genutzt werden, denn »Menschen können sich in ihrer Unterschiedlichkeit gegenseitig bereichern, wenn sie [...] sich miteinander in Respekt, Toleranz und demokratischen Praktiken [...] begegnen« [Re12, S. 7].

Menschen unterscheiden sich durch ihre Eigenheiten und Eigenarten voneinander, so dass durch die Interaktion mit der Umwelt daraus Beeinträchtigungen entstehen können [vgl. Re12, S. 78f]. In gesellschaftlichen Kontexten entwickelt sich häufig eine vermeintliche Norm, die durch die Mehrheit der teilhabenden Menschen bewusst oder unbewusst festgelegt wird. Sofern ein Mensch wegen eines Aspekts seiner Individualität dadurch an der Teilhabe beeinträchtigt wird, stellt dies eine Barriere dar. Unterschieden wird dabei zwischen gegenständlichen Barrieren, wie z. B. fehlenden Rampen für Personen, die auf einen Rollstuhl angewiesen sind, sowie sozialen Barrieren, wie z. B. genderbezogenen Zuschreibungen [vgl. Re12, S. 78f].

Barrieren sind immer relativ in Bezug auf die Diversität der Menschen zu betrachten. Je nach Einschränkung kann eine Treppe, die akustische Verständlichkeit der Lehrkraft oder die Nutzung einer rein grafischen Programmierumgebung eine Barriere darstellen. Galkiene und Monkeviciene geben an, dass Barrieren für das Lernen im *traditionellem* Unterricht auch für Schüler*innen ohne Förderschwerpunkt auftreten.

> »In other words, there is a transition from being aware of the individual differences of some students to acknowledging the diversity of all the learners, from meeting individual needs to creating a barrier-free educational environment that answers the individual needs of all learners « [GM21, p. 9].

Demnach sollten Barrieren identifiziert und reduziert werden, um den Lernerfolg aller Schüler*innen sicher zu stellen [vgl. UD17].

3 Barrieren im Informatikunterricht in Nordrhein-Westfalen

Im Folgenden soll auf einzelne, ausgewählte Barrieren in Bezug auf den Informatikunterricht in Nordrhein-Westfalen näher eingegangen werden. Die Ausführungen erheben dabei nicht den Anspruch, sämtliche mögliche Barrieren aufzuzeigen, sondern sollen viel mehr den Forschungs- und Arbeitsbedarf verdeutlichen.

3.1 Barrieren durch Wahlmöglichkeit

In Nordrhein-Westfalen ist informatische Bildung von der Grundschule bis hin zur gymnasialen Oberstufe Teil der schulischen Bildung. Dabei sollte zwischen dem *verpflichtendem* Unterricht im Rahmen des Sachunterrichts der Grundschule sowie dem Pflichtfach in den Jahrgangsstufen 5 und 6 und *wählbaren* Angeboten, wie etwa Arbeitsgemeinschaften, dem Hauptfach oder Grund- und Leistungskursen, unterschieden werden.

Verpflichtender Informatikunterricht kann das fachliche Selbstkonzept in Bezug auf Informatik positiv beeinflussen [vgl. Mü19], sofern gut ausgebildete Lehrkräfte den Unterricht motivierend und fachlich passgenau gestalten [vgl. Ha19]. Die Bedarfsdeckung von Fachlehrkräften für Informatik wird im Schuljahr 2030/31 voraussichtlich bei 63,7 %[2] liegen [vgl. Kl20, S. 38]. Über ein Drittel des Unterrichts wird möglicherweise nicht von grundständig ausgebildeten Fachlehrkräften unterrichtet. Davon wird auch abhängen, ob eine Schule überhaupt ein Wahlangebot in Informatik einrichtet oder *nur* die verpflichtenden Stunden anbietet.

Eine grundlegende Barriere ist damit bereits der Zugang zum Unterricht selbst. Wählbare Angebote führen dazu, dass ein Teil der Schüler*innen durch den Wahlprozess von der Partizipation abgehalten wird. Sofern der Unterricht verpflichtend ist, haben Schüler*innen jeder Schule und unabhängig von Talenten, Interessen etc. daran teil. Neben der Forderung nach einem Pflichtfach in den Jahrgangsstufen 7 bis 10 gehört dazu auch die Vereinfachung von formalen Voraussetzungen in der gymnasialen Oberstufe, etwa Informatik mit Naturwissenschaften gleichzustellen [vgl. Re12, S. 101f]. Daneben sollte im Rahmen der schullaufbahnbezogenen Beratung den Schüler*innen (und Erziehungsberechtigten) verdeutlicht werden, welche Chancen und Anforderungen mit einer Wahlmöglichkeit verbunden sind. Konsequente Barrierefreiheit bedeutet in dieser Beratungssituation, dass alle Schüler*innen ihren persönlichen Lernweg gehen können.

3.2 Barrieren innerhalb des Informatikunterrichts am Beispiel von Bildungsdokumenten[3]

Um sowohl in wählbaren Angeboten als auch im verpflichtendem Unterricht Barrierefreiheit herzustellen, muss die Gestaltung des Informatikunterrichts die Diversität aller Schüler*innen berücksichtigen. Barrieren können auf unterschiedlichen Ebenen entstehen: in der Leitungsebene und bei der konkreten Umsetzung durch die Lehrkräfte [n. Re12]. Die Leitungsebene meint in diesem Kontext sowohl konkrete Schulleitungen, Schulträger als

---

[2] Die Einschätzungen der Studien von Klemm berücksichtigen auch in der aktualisierten Fassung nicht das Pflichtfach in den Jahrgängen 5 und 6 – somit könnte die Bedarfsdeckung als zu hoch vermutet werden [vgl. Kl15; Kl20].

[3] Mit Bildungsdokumenten sind hier sowohl schulinterne Lehrpläne als auch Kernlehrpläne sowie die Empfehlungen für Bildungsstandards der Gesellschaft für Informatik gemeint.

auch die Rahmenbedingungen durch die entsprechenden Ministerien [vgl. Re12, Kap. 4.2]. In Bezug auf konkreten Informatikunterricht sind auf der Leitungsebene vor allem die fachlichen Vorgaben durch Bildungsdokumente ausschlaggebend [vgl. Re12; UD17]. Um Barrieren zu identifizieren, sind die Lehrenden aufgefordert, »die Lehrpläne und Lerninhalte durchgehend auf implizite Diskriminierungen zu durchforsten« [Re12, S. 106].

Beispielhaft könnten die folgenden aus Bildungsdokumenten entnommenen Kompetenzen Potential für Barrieren haben.[4] Schüler*innen

- setzen sich mit der »Entwicklung eines [grafischen] Datenmodells (ER-Modell)« [QU16, S. 67] (Beispiel für einen schulinternen Lehrplan zum Wahlhauptfach Informatik in der Gesamtschule) auseinander,

- »stellen Abläufe in Automaten [grafisch] dar« [MSB21, S. 18] (Kernlehrplan der Klassen 5 und 6),

- »stellen Klassen und ihre Beziehungen in Diagrammen grafisch dar« [MS13, S. 26] (Kernlehrplan Einführungsphase gymnasiale Oberstufe) und

- »arbeiten mit grafischen Benutzungsoberflächen« [GI08, S. 38] (Bildungsstandards Jahrgangsstufen 5 bis 7).

Die Zusammenstellung macht die von Capovilla bereits thematisierte zentrale Rolle von Visualisierung im Informatikunterricht deutlich [vgl. Ca15, S. 36ff]. Für Menschen mit einer Sehbehinderung sowie Menschen die nicht bevorzugt visuell lernen, kann dies zu einer Barriere führen, die bereits auf der formalen, *leitenden* Ebene der Bildungsdokumente manifestiert wird [vgl. Ca15, Kap. 5].

> »Diese Visualisierungstechniken lassen sich in der Regel nicht ohne Weiteres durch alternative, im Ergebnis gleichwertige, aber besser zugängliche Lerninhalte ersetzen, da das Erlernen der Modellierungstechnik selbst und nicht das damit erzeugbare Ergebnis Unterrichtsinhalt ist« [Ca15, S. 36].

Ob die durch die Bildungsdokumente formulierten Kompetenzen den Informatikunterricht tatsächlich nur auf das *Erlernen einer Modellierungstechnik* reduzieren, kann diskutiert werden. Dennoch ist es fraglich, inwieweit sich Schüler*innen etwa mit den zuvor erwähnten Kompetenzen sinnstiftend auseinandergesetzt haben, wenn durch sogenannte *assistive Technologien*, wie etwa Bildschirmlupen oder Audiodeskriptionen, entsprechende Unterrichtsgegenstände verfügbar gemacht wurden. Es kann durchaus sinnvoll sein, dass ein Mensch mit starker Sehbehinderung auch grafische Oberflächen bedienen kann, die dafür zugrunde liegende informatische Kompetenz lässt sich jedoch nicht direkt erkennen (vgl. Abschnitt 4.1). Anders formuliert: Warum ist es notwendig, dass alle Schüler*innen

---

[4] Die Bildungsdokumente werden hier nicht auf die Barrierefreiheit der Textdokumente selbst hin untersucht. Ausgewählte Kompetenzen werden dagegen inhaltlich diskutiert.

grafische Oberflächen bedienen können? Letztlich interagieren die Schüler*innen mit einem informatischem Modell – ob dies eine grafische Oberfläche oder eine rein textuelle Schnittstelle ist, sollte dabei nicht von Bedeutung sein.

Mit Blick auf die Fachwissenschaft Informatik stellt sich die Frage, ob bspw. grafische Darstellungsformen immanenter Teil des Fachs oder nur *eine* Möglichkeit zur Kommunikation über Modelle sind. Das Modellieren informatischer Modelle ist notwendig, um Teilhabe zu ermöglichen, denn informatische Modelle »sind nicht nur Teil unserer Kultur, sondern mit ihnen wird Kultur erschlossen und produziert« [Th02, S. 68]. Letztlich werden Darstellungsformen im Informatikunterricht zur enaktiven, ikonischen oder symbolischen Ausprägung von Sprache genutzt [vgl. Si18]. Capovilla wirft auf, dass eine Fokussierung auf visuelle Sensorik prinzipiell nicht lernförderlich ist, sondern Unterrichtsgegenstände in unterschiedlichen sensorischen Formen angeboten werden sollten [vgl. Ca15, S. 52; UD17]. Die verschiedenen informatischen Darstellungsweisen, z. B. Handlungen, Diagramme oder Texte, bieten die Möglichkeit, passende und zueinander äquivalente Zugänge zu (abstrakten) Darstellungsebenen zu ermöglichen [vgl. Si18]. Demnach gibt es durchaus eine alternative, im Ergebnis gleichwertige Darstellung, sofern nicht eine konkrete Darstellungsweise, wie z. B. grafische Diagramme zur Darstellung von Klassen, eingefordert wird.

Auch wenn hier beispielhaft der Fokus auf Aspekte der visuellen Zugänglichkeit gelegt wurde, sollte es Aufgabe der Fachdidaktik sein, Bildungsdokumente auf alle potentiellen Barrieren hin zu untersuchen und Alternativen zu entwickeln. Gemeint sind damit Barrieren, wie sie

> »durch Andeutungen, Auslassungen, unreflektierte Sprachkonstruktionen oder allein schon durch die Auswahl von Protagonisten, Texten, Bildern etc. entstehen. Hier ist es im Blick auf alle Standards wichtig, mögliche Problemstellen ethnokultureller Ungerechtigkeit, geschlechterbezogener Diskriminierung, der Einschränkung vielfältiger Lebensformen oder sexueller Orientierungen, der Benachteiligung durch sozio-ökonomischen Status oder durch Beeinträchtigungen nachzugehen, diese zu identifizieren und entweder zu beseitigen oder in eine kritische Bearbeitung zu bringen« [Re12, S. 106].

4 Forschungsperspektiven

Das Ziel eines Unterrichts, der die Vielfalt der Lernenden nutzt, ermöglicht und unterstützt, sollte sein, alle Menschen unter Berücksichtigung ihrer individuellen Talente, Bedürfnisse und Fähigkeiten – einschließlich diagnostizierter Beeinträchtigungen – angemessen zu fördern und zu fordern [vgl. HR15, S. 2]. Der Einsatz von Informatikmitteln und -systemen im Rahmen des Informatikunterrichts erfolgt sowohl als Organisationsmittel, Lehr-/Lern-Mittel, Werkzeug und Unterrichtsgegenstand aber auch als Mittel um Teilhabe an der Gesellschaft zu unterstützen oder zu ermöglichen [vgl. Ca19; Me02]. Daraus lässt sich ableiten, dass Informatikunterricht nicht nur an sich inklusiv sein sollte, sondern auch informatische Artefakte in Bezug auf ihre besondere Rolle zur Unterstützung von Teilhabe selbst Unterrichtsgegenstand sein sollten [vgl. Ca19, S. 44].

4.1   Ideen für ein Konzept zur Gestaltung von inklusivem Informatikunterricht

Inklusion kann im Zusammenhang mit der beschriebenen Zielperspektive nicht bedeuten, dass Informatikunterricht an einem fiktivem durchschnittlichem Lernenden ausgerichtet wird, sondern muss die Diversität einer hetorogenen Lerngruppe in Gänze berücksichtigen. Ein Aspekt muss hierbei die Aufbereitung und Verfügbarmachung der konkreten Unterrichtsgegenstände sein, indem z. B. auch generelle Merkmale der Zugänglichkeit (Dokumente für Screenreader aufbereiten etc.) eingehalten werden [vgl. Ca19]. Sicherlich stellen sich die notwendigen Unterstützungen für manche Menschen auch so dar, dass im Einzelfall individuelle Entscheidungen zu treffen sind. Letztlich sollte aber ein Perspektivwechsel entstehen: Unterricht sollte den Fokus auf alle Lernenden legen, um Unterricht für alle zugänglich und erfolgreich zu gestalten und nicht einzelne – für das Lernen zuträgliche sowie verhindernde – Aspekte von Diversität in den Vordergrund zu rücken [vgl. Sc18a, Kap. 2.3].

Das Konzept des *Universal Design for Learning* (kurz: UDL) erscheint in der aktuellen Forschungslage sowohl für Informatikunterricht im Besonderen [vgl. Ca19] als auch für Unterricht im Allgemeinen [vgl. GM21; Sc18a; Sc18b; UD17] zur Erreichung dieser Ziele geeignet zu sein.[5] Die sensorische Parallelität des Lerngegenstandes, flexible Zugänge zum Unterricht(skontext) und breite Hilfen zur Förderung von Lernengagement und -motivation stellen zentrale Prinzipien dar [vgl. Fi17; Sc18a]. Um sensorische Parallelität zu erreichen, sollten möglichst gleichwertige Darstellungen gewählt werden, deren Darstellungsweise unterschiedlich aufbereitet wird [vgl. Ca19, S. 40f]. Dabei erscheint es wichtig, unterschiedliche Sensoriken und Sinneskanäle parallel anzusprechen: Schriftliche Bildbeschreibungen, ein haptisches oder taktiles Modell, eine hörbare Beschreibung und das Bild selbst. In diesem Kontext könnte die Frage, ob textuelle Darstellungsformen im inklusiven Informatikunterricht eine zentrale Rollen spielen müssen, wichtig sein: Auf der einen Seite ermöglichen Texte eine flexible Zugänglichkeit (z. B. automatisierte Verarbeitung durch Screenreader) und auf der anderen Seite kann das Lesen und Modifizieren von (Quell)texten »als rein symbolische Darstellungsform sowie die Reflexion dieses Prozesses als [ein wesentlicher] Kern informatischer Bildung« [Si18, S. 18] angesehen werden. Wird Informatikunterricht im Sinne des UDL gestaltet, erhalten die Lernenden flexible, unterschiedliche Angebote, um am Unterricht teilhaben zu können, und wählen den für sie passenden und motivierenden Zugang aus – es profitieren alle Schüler*innen [vgl. Sc18a, S. 57f].

---

[5] Das Universal Design beschreibt grundlegend die Bestrebung, Gestaltungsprozesse durch Kriterien so zu gestalten, dass die Ergebnisse barrierearm oder -frei sind. Für Bildungsprozesse gibt es neben dem hier thematisierten UDL im Hochschulkontext auch noch weitere Umsetzungen und Gestaltungsideen, die den Rahmen dieses Beitrags sprengen würden [vgl. BLK19; Ca19; Fi14].

4.2 Mögliche Forschungsaspekte

Der Autor schätzt die aktuelle Forschungslage so ein, dass es nur wenige Untersuchungen und Bestrebungen gibt, Inklusion im Informatikunterricht universell, d. h. vielseitig über einzelne, spezielle Aspekte von Diversität hinaus, im Sinne der UDL zu untersuchen und zu gestalten. Vogt und Neuhaus beschreiben ein Spannungsfeld zwischen kompetenzorientiertem Lernen und Inklusion: Es scheint mindestens Aufgabe der Fachdidaktik zu sein, zwischen den fachlichen Ansprüchen, die auch durch Bildungsdokumente *prüfbar* vorgegeben werden, und der Teilhabe an Bildung zu vermitteln [vgl. VN21]. Durch die Anpassung und teilweise Reduzierung von fachlichen Vorgaben sowie eine Einordnung durch kompetenzorientierte Prüfungen, kann die Teilnahme am (Fach-)Unterricht ermöglicht werden. Teilhabe an Bildung sollte jedoch mehr als *nur* Teilnahme bedeuten [vgl. VN21]. Die Informatikdidaktik sollte diesem Spannungsfeld konstruktiv begegnen und Lösungen entwickeln, so dass wichtige, fachliche Kompetenzen durch entsprechende Ausgestaltung für alle Menschen verfügbar werden. Für eine solche Differenzierung schlagen Jüttke und Lüken für den Mathematikunterricht in der Grundschule eine Fokussierung auf grundlegende, *fundamentale Ideen* vor – ein auch in der Informatikdidaktik bekannter Ansatz [vgl. Sc93].

> »Mit den fundamentalen Ideen werden folglich mathematische Inhalte aufgezeigt, die für die Entwicklung aller Kinder entscheidend sind. Die Inhalte bauen aufeinander auf, werden immer wieder aufgegriffen und können von unterschiedlichen Niveaus aus von jedem Kind erarbeitet werden« [JL21, S. 37].

Solche didaktischen Konzepte zu berücksichtigen, um damit die durch Bildungsdokumente aufgestellten Kompetenzen hinsichtlich der zuvor exemplarisch beschriebenen Barrieren zu untersuchen, erscheint sinnvoll und notwendig.

Das Lernen am gemeinsamen Gegenstand durch Differenzierungsmaßnahmen ist möglich [vgl. JL21] und wird auch praktiziert. Es gibt Ansätze und Untersuchungen einzelne Inhalte in Form von entsprechend sensorisch parallelisiertem Material *inklusiv* verfügbar zu machen – jedoch fokussieren diese meist auf einzelne Aspekte der Diversität (z. B. Sehbehinderung) [vgl. AF21a; AF21b; Ca15]. Für die weitere Forschung stellen sie den Ausgangspunkt dar, um die Realisierbarkeit und die Ansprüche an ein universelles Konzept deutlich zu machen. Daneben gibt es die Notwendigkeit, Formate in der Lehrkräftebildung zu konzipieren, um für die Besonderheiten inklusiven Unterrichts zu sensibilisieren und Kompetenzen bei angehenden Lehrkräften zu entwickeln [vgl. AF21a; AF21b; Re12; Sc18a].

Die Informatikdidaktik hat die Aufgabe, sowohl auf der Leitungs- als auch der konkreten Umsetzungsebene einheitliche Konzepte, ggfs. in Anlehnung an die UDL, zu entwickeln. Dazu gehört die Überarbeitung und Prüfung der Bildungsdokumente – hier ist insbesondere zu prüfen, wie informatische Modellierung im Kontext von Inklusion und Diversität (mit dem Ziel, Teilhabe zu ermöglichen), stärker expliziert werden kann. Daneben sollten auch die nötigen Kompetenzen für Lehrkräfte weiter entwickelt und konkretisiert werden.

Literatur

[AF21a] Akao, K.; Fischer, J.: Wie können wir Lehramtsstudierende auf einen inklusiven Informatikunterricht vorbereiten? In (Desel, J.; Opel, S.; Siegeris, J., Hrsg.): 9. Fachtagung Hochschuldidaktik Informatik (HDI) 2021. Vorabdruck der Konferenzbeiträge, 15.–16. Sep. 2021. TU Dortmund, Dortmund, S. 75–83, 2021, URL: https://t1p.de/tww3t, Stand: 14.03.2022.

[AF21b] Akao, K.; Fischer, J.: Zum Stand der Lehramtsausbildung für einen inklusiven Informatikunterricht. In (Humbert, L., Hrsg.): Informatik – Bildung von Lehrkräften in allen Phasen, 19. GI-Fachtagung Informatik und Schule (INFOS 2021), 8.–10. Sep. 2021. Bd. p313. LNI – Lecture Notes in Informatics, Gesellschaft für Informatik e.V., Wuppertal, S. 291–294, Sep. 2021, ISBN: 978-3-88579-707-4.

[Be17] Beauftragte der Bundesregierung für die Belange von Menschen mit Behinderungen, Hrsg.: Die UN-Behindertenrechtskonvention, Übereinkommen über die Rechte von Menschen mit Behinderungen, Die amtliche, gemeinsame Übersetzung von Deutschland, Österreich, Schweiz und Lichtenstein, Jan. 2017, URL: https://t1p.de/r1bd, Stand: 30.04.2020.

[BLK19] Burdinski, D.; Linde, F.; Kohls, C.: Universal Design for Learning und Constructive Alignment: Beispiele aus der TH Köln. Die Neue Hochschule/1/2019, S. 12–15, 2019, URL: https://t1p.de/3qdf, Stand: 05.03.2022.

[Ca15] Capovilla, D.: Inklusion in der Informatischen Bildung am Beispiel von Menschen mit Sehschädigung, Dissertation, München: Technische Universität München, Juni 2015, URL: https://t1p.de/8388, Stand: 27.04.2020.

[Ca19] Capovilla, D.: Informatische Bildung und inklusive Pädagogik. In (Pasternak, A., Hrsg.): Informatik für alle, INFOS 2019, 18. GI-Fachtagung Informatik und Schule, 16.–18. September 2019, Dortmund, Germany. Bd. P288. Lecture Notes in Informatics (LNI)-Proceedings, Gesellschaft für Informatik e. V. (GI), Bonn, S. 35–46, 2019, ISBN: 978-3-88579-682-4.

[Fi14] Fisseler, B.: Universal Design als Weg zu mehr Inklusion in Studium und Lehre, Hagen, 2014, URL: https://t1p.de/7egs, Stand: 02.01.2022.

[Fi17] Fischer, J.: Diversität, Vortrag im ZfsL Dortmund für die Informatikfachleitungen der GE-/GY-Studienseminare, 6. Nov. 2017.

[GI08] GI, Hrsg.: Grundsätze und Standards für die Informatik in der Schule, Bildungsstandards Informatik für die Sekundarstufe I, GI – Gesellschaft für Informatik e. V., 2008, URL: https://t1p.de/7wru, Stand: 26.02.2022.

[GM21] Galkiene, A.; Monkeviciene, O.: Improving Inclusive Education through Universal Design for Learning. Springer, Cham, 2021, ISBN: 978-3-030-80658-3.

[Ha19]   Haselmeier, K.: Informatik an Grundschulen – Stellschraube Lehrerbildung. In
          (Pasternak, A., Hrsg.): Informatik für alle, INFOS 2019, 18. GI-Fachtagung
          Informatik und Schule, 16.–18. September 2019, Dortmund, Germany. Bd. P288.
          Lecture Notes in Informatics (LNI)-Proceedings, Gesellschaft für Informatik
          e. V. (GI), Bonn, S. 89–98, 2019, ISBN: 978-3-88579-682-4.

[HR15]   HRK und KMK: Lehrerbildung für eine Schule der Vielfalt, Gemeinsame
          Empfehlung von Hochschulrektorenkonferenz und Kultusministerkonferenz,
          Beschluss der Kultusministerkonferenz (KMK) vom 12.03.2015 – Beschluss
          der Hochschulrektorenkonferenz (HRK) vom 18.03.2015, 18. März 2015, URL:
          `https://t1p.de/hbhi`, Stand: 02. 05. 2020.

[JL21]   Jütte, H.; Lüken, M. M.: Mathematik inklusiv unterrichten – Ein Forschungs-
          überblick zum aktuellen Stand der Entwicklung einer inklusiven Didaktik für
          den Mathematikunterricht in der Grundschule. Zeitschrift für Grundschulfor-
          schung 14/, S. 31–48, 2021, URL: `https://t1p.de/of11`.

[Kl15]   Klemm, K.: Lehrerinnen und Lehrer der MINT-Fächer: Zur Bedarfs- und Ange-
          botsentwicklung in den allgemein bildenden Schulen der Sekundarstufen I und II
          am Beispiel Nordrhein-Westfalens. Gutachten im Auftrag der Deutsche Telekom
          Stiftung, 19. Jan. 2015, URL: `https://t1p.de/rmz9`, Stand: 11. 05. 2021.

[Kl20]   Klemm, K.: Lehrkräftemangel in den MINT-Fächern: Kein Ende in Sicht,
          Zur Bedarfs- und Angebotsentwicklung in den allgemeinbildenden Schulen
          der Sekundarstufen I und II am Beispiel Nordrhein-Westfalens, hrsg. von
          Stiftung, D. T., Essen, Dez. 2020, URL: `https://t1p.de/f2i8y`, Stand:
          07. 12. 2021.

[Me02]   Meyer zu Bexten, E.: Eine Zukunft ohne Menschen!? Die Rolle der Medizin-
          informatik für behinderte Menschen. In (Schubert, S.; Reusch, B.; Jesse, N.,
          Hrsg.): Informatik bewegt – Informatik 2002, 32. Jahrestagung der GI 30. Sept.
          – 3. Okt. 2002 in Dortmund. GI-Edition – Lecture Notes in Informatics – Pro-
          ceedings P-19, Gesellschaft für Informatik (GI), Köllen Druck + Verlag GmbH,
          Bonn, S. 183–216, Okt. 2002, URL: `http://dl.gi.de/handle/20.500.`
          `12116/30330`, Stand: 11. 01. 2021.

[MS13]   MSW-NW: Kernlehrplan Informatik für die gymnasiale Oberstufe, MSW-NW
          – Ministerium für Schule und Weiterbildung des Landes Nordrhein-Westfalen,
          2013, URL: `https://t1p.de/q58a`, Stand: 07. 05. 2021.

[MSB21]   Ministerium für Schule und Bildung des Landes Nordrhein-Westfalen, Hrsg.:
          Kernlehrplan für die Sekundarstufe I – Klasse 5 und 6 in Nordrhein-Westfalen
          – Informatik, 1. Juli 2021, URL: `https://t1p.de/tmw2`, Stand: 23. 07. 2021.

[Mü19]   Müller, D.; Haselmeier, K.; Humbert, L.; Killich, K.: Interesse an Informatik und
          Informatikselbstkonzept zu Beginn der Sekundarstufe I des Gymnasiums – Eine
          empirische Untersuchung. In (Pasternak, A., Hrsg.): Informatik für alle, INFOS
          2019, 18. GI-Fachtagung Informatik und Schule, 16.–18. September 2019, Dort-
          mund, Germany. Bd. P288. Lecture Notes in Informatics (LNI)-Proceedings,

Gesellschaft für Informatik e. V. (GI), Bonn, S. 99–108, 2019, ISBN: 978-3-88579-682-4.

[Pa19]   Pasternak, A., Hrsg.: Informatik für alle, INFOS 2019, 18. GI-Fachtagung Informatik und Schule, 16.–18. September 2019, Dortmund, Germany, Bd. P288, Lecture Notes in Informatics (LNI)-Proceedings, Bonn: Gesellschaft für Informatik e. V. (GI), Sep. 2019, ISBN: 978-3-88579-682-4.

[QU16]   QUA-LiS NRW, Hrsg.: Beispiel für einen schulinternen Lehrplan zum Kernlehrplan GE WP Informatik (Stand: 21.04.2016), QUA-LiS: Qualitäts- und UnterstützungsAgentur – Landesinstitut für Schule, 21. Apr. 2016, URL: https://t1p.de/uw5m, Stand: 11. 06. 2021.

[Re12]   Reich, K.: Inklusion und Bildungsgerechtigkeit, Standards und Regeln zur Umsetzung einer inklusiven Schule. Beltz Verlagsgruppe, Weinheim, 2012, ISBN: 9783407291677.

[Sc18a]   Schlüter, A.-K.: Professionalisierung angehender Chemielehrkräfte für einen Gemeinsamen Unterricht. Logos Verlag, Berlin, 2018, ISBN: 9783832590758.

[Sc18b]   Schütt, M.-L.; Sellin, K.; Bobeth-Neumann, W.; Bormuth, H.; Körber, A.; Michalik, K.; Paseka, A.; Ricken, G.: Universal Design for Learning als Zugang zum Verstehen von Barrieren, Dortmund, 2018, URL: https://t1p.de/wa0hy, Stand: 05. 03. 2022.

[Sc93]   Schwill, A.: Fundamentale Ideen der Informatik. ZDM 25/1, ZDM – Zentralblatt für Didaktik der Mathematik, S. 20–31, 1993, ISSN: 0044-4103, URL: http://t1p.de/ysq7, Stand: 02. 05. 2021.

[Si18]   Siebrecht, D.: Textsorten im Informatikunterricht – Ideen einer Kategorisierung zwischen Medium und Lerngegenstand. In: Informatik und Medien – 8. Münsteraner Workshop zur Schulinformatik. Vortrag auf dem 8. Münsteraner Workshop zur Schulinformatik am 18. Mai 2018, S. 88–97, 18. Mai 2018, URL: https://uni-w.de/17z, Stand: 11. 06. 2021.

[Th02]   Thomas, M.: Informatische Modellbildung – Modellieren von Modellen als ein zentrales Element der Informatik für den allgemeinbildenden Schulunterricht, Dissertation, Universität Potsdam Didaktik der Informatik, Juli 2002, URL: https://t1p.de/6v1lx, Stand: 11. 05. 2021.

[UD17]   UDLL, Hrsg.: A Best Practice Guideline, UDLL – Universal Design - License to Learn, Irland, März 2017, URL: https://t1p.de/9ys4, Stand: 05. 03. 2022.

[VN21]   Vogt, M.; Neuhaus, T.: Fachdidaktiken im Spannungsfeld zwischen kompetenzorientiertem fachlichen Lernen und inklusiver Pädagogik: Vereinigungsbemühungen oder Verdeckungsgeschehen? Zeitschrift für Grundschulforschung 14/, S. 113–128, 2021, URL: https://t1p.de/4h7sg.

Informatische Grundkompetenzen als Voraussetzung digitaler Inklusion

IT4all ein Praxisbeispiel für Lehramtsstudierende

Konrad Dornebusch [1], David Baberowski[2] und Nadine Bergner[3]

Abstract: In diesem Beitrag werden die Herausforderungen der Digitalisierung und Inklusion in der aktuellen Bildungsdebatte thematisiert. Viele Bildungseinrichtungen nehmen diese beiden zentralen Querschnittsaufgaben getrennt voneinander war und es fällt vielen Bildungsakteur:innen schwer, eine Verbindung und/oder Annäherung zu etablieren. Hier wird ein Versuch unternommen sich aus der informatikdidaktischen Perspektive dem Thema Inklusion zu nähern. Als eine Verbindungsmöglichkeit wird der Aspekt der digitalen Inklusion aufgegriffen und erläutert. Dabei wird der Einfluss und die Wichtigkeit der Informatik, in diesem Fall der grundlegenden informatischen Kompetenzen für Lehrkräfte aller Fächer, für diese Annäherung verdeutlicht. Die in dem Artikel vorgestellten informatischen Grundkompetenzen (IGKs) sind im Hochschulkontext in ein fächerübergreifendes Seminarkonzept unter dem Namen „IT4all" an der TU Dresden verankert. Um ein Beispiel zu schaffen, wie eine Lehrveranstaltung, die zur digitalen Bildung beiträgt, sich dem Thema Inklusion nähert, werden Ideen und Konzeptentwicklungen zur Einführung von zukünftigen Berührungspunkten vorgestellt.

Keywords: Inklusion, Digitalisierung, informatische Grundkompetenzen, Lehrkräftebildung, digitale Inklusion,

1 Einleitung

Aufgrund tiefgreifender Transformationsbewegungen in Bildung und Gesellschaft stechen vor allem die zwei Themen „Inklusion" und „Digitalisierung" heraus. Dabei soll vor allem die drängende Querschnittsaufgabe „Digitalisierung" auch im Schulunterricht thematisiert werden [Ku16]. Da Digitalisierung jeden Lebensbereich und somit auch alle

---

[1] Fakultät Informatik/ Technische Universität Dresden, Professur für Didaktik der Informatik, Andreas-Pfitzmann-Bau, Nöthnitzer Str. 46, 01187 Dresden, Konrad.dornebusch@tu-dresden.de, https://orcid.org/ 0000-0001-9579-4744

[2] Fakultät Informatik/ Technische Universität Dresden, Professur für Didaktik der Informatik, Andreas-Pfitzmann-Bau, Nöthnitzer Str. 46, 01187 Dresden david.baberowski@tu-dresden.de, https://orcid.org/ 0000-0001-6308-4334

[3] Fakultät Informatik/ Technische Universität Dresden, Professur für Didaktik der Informatik, Andreas-Pfitzmann-Bau, Nöthnitzer Str. 46, 01187, nadine.bergner@tu-dresden.de, https://orcid.org/ 0000-0003-3527-3204

Fächer betrifft, muss diese Aufgabe von allen Lehrkräften gleichermaßen angegangen werden. Die nötige digitale Grundbildung besitzen jedoch nur wenige Lehrkräfte. Daher starten viele Lehramtsstudierende mit mangelnden digitalen Kompetenzen ins Studium, die aktuell auch im Lehramtsstudium nicht aufgeholt werden. Dazu kommt, das digitalgestützter Unterricht noch nicht flächendeckend als Grundlage von schulischer Wissensvermittlung angesehen werden [JM15].

Neben der ‚Digitalisierung' kommt die Priorisierung von „Inklusion" hinzu. Grundlage ist hier die Übereinkunft der Vereinten Nationen über die Rechte von Menschen mit Behinderung. In dieser entstand die Forderung und darauf die Verpflichtung in Deutschland, in der bildungspolitischen Landschaft eine inklusive Bildungskonzeption und Richtlinie zu etablieren [KM11]. Da das Schulsystem von Lehrkräften getragen wird, liegt eine Voraussetzung für ein inklusives Schulsystem auf einem breiten Inklusionsverständnis bei Lehrkräften (Behinderung, Migration, Geschlecht, Alter, Sprache, sexuelle Orientierung, soziale Schicht und/oder soziokultureller Hintergrund) und der Etablierung in allen Phasen der Lehrkräftebildung, was jedoch noch nicht der Fall ist [Fi19]. Fachdidaktische Forschung zeigt im Bildungssystem zudem ein Desiderat in den Querschnittsaufgaben der Digitalisierung und Inklusion auf [FKM14]. Auch hier entsteht der Eindruck der Etablierungsschwierigkeiten der Querschnittsthemen „Inklusion" und „Digitalisierung".

Ein weiteres Problem zur Etablierung von Inklusion und Digitalisierung ist in der getrennten Wahrnehmung der beiden zentralen Querschnittsaufgaben begründet. Nach Filk bewirkt diese, dass Bildungseinrichtungen eine fachspezifische und überfachliche Annäherung erschwert wird [Fi19]. Selbst in der Wissenschaft werden diese beiden Querschnittsthemen oft separat behandelt. Dabei lassen sich eine ganze Reihe von Berührungspunkten oder gar Schnittstellen zwischen den zwei Themensträngen erkennen. Beide Querschnittsaufgaben können nur zusammen zu einer inklusiv-medialen Bildung, die allen Menschen eine selbstbestimmte Teilhabe in der Gesellschaft ermöglicht, führen [Fi19]. Bereits 2012 wurde im Rahmen des Projektes der European Agency for Development in Special Needs Education [WE12]die wichtige Zusammenführung von digitaler und inklusiver Schule veranschaulicht. Hier wurden Kompetenzbereiche für Lehrkräfte entwickelt, welche einen digitalen, inklusiven Unterricht ermöglichen. Mitinbegriffen war eine Forderung, das inklusive Bewusstsein und die digitalen Kompetenzen miteinander verbunden zu betrachten [WE12].

Ein erster Schritt zur Annäherung könnte im Aspekt der „Digitalen Inklusion" liegen. Digitale Inklusion bedeutet, allen Menschen Zugang zur digitalen Gesellschaft zu ermöglichen, denn im Zeitalter der Digitalisierung findet vor allem hier Teilhabe statt. Informatische Bildung kann hier wesentliche Grundvoraussetzungen schaffen. Der Aspekt Inklusion „In" die digitale Gesellschaft beschreibt das Mitreden in digitalen Diskursen (soziale Medien), Mitgestaltung an der digitalen Gesellschaft von morgen sowie die Kompetenzen zur Nutzung digitaler Medien. In der Perspektive Inklusion „Mit" digitalen Medien spielen Teilhabemaschinen (z.B. Smartphones und Tablets) und ein inklusiver Zugang zu öffentlicher Kommunikation eine wichtige Schlüsselfunktion [Pe18]. Um eine inklusiv-digitale Gesellschaft in der Bildung vorzubereiten, gilt es, insbesondere auch jungen Menschen mit unterschiedlichen Voraussetzungen und Beeinträchtigungen eine selbstbestimmte Teilhabe zu ermöglichen. Durch die schnellen Entwicklungen in einer Informationsgesellschaft liegt hier besonders die Gefahr, dass diese jungen Menschen weiterhin und zukünftig sogar noch stärker ausgeschlossen werden. Daher sollten vor allen Schulen die Chancen des Digitalisierungsprozesses für die zukunftsorientierte Umsetzung von digitaler Inklusion nutzen [Fi19] .

2 Informatische Grundkompetenzen

2.1 Kompetenzanforderungen und Einordnung

Überall beeinflusst Informatik die verschiedenen Bildungsdisziplinen. Vor allem bei der Digitalisierung des Unterrichts spielen informatische Kenntnisse eine Schlüsselrolle für einen kompetenten Umgang mit digitalen Medien sowie für einen reflektierten Umgang mit Phänomenen der digitalisierten Welt [PM20] . Informatiksysteme, Information und Daten sowie Algorithmen sind Grundlage digitaler Werkzeuge, die auch barrierefreies Lernen unterstützen. Daher kommt der Informatik eine Schlüsselfunktion in der Umsetzung von Inklusion zu. Informatikmittel sind im Bildungszusammenhang immer auch Organisationsmittel [Di18] . Informatische Kompetenzen sind auch für eine praktische Umsetzung eines digital-inklusiven Unterrichts notwendig. Beispielsweise basiert der Einsatz von Hard- und Software als assistive Technologien oder die für alle verständliche digitale Darstellung (visuell, auditiv und haptisch) von Informationen auf informatischen Grundkompetenzen [Ku21]. Eine Lehrkraft mit informatischen Kompetenzen ist in der Lage, auch in Zukunft auf technische Entwicklungen zu reagieren und diese für inklusiven-digitalen Unterricht einzusetzen. An der Professur für Didaktik für Informatik der TU Dresden wird aktuell ein Kompetenzkatalog mit informatischen Grundkompetenzen (IGKs) für (angehende) Lehrkräfte aller Fächer und Schularten entwickelt [Ba22] .

Damit die Informatik als eine Brücke zwischen „Inklusion" und „Digitalisierung" fungieren kann, müssen die Potenziale und Ziele innerhalb des Bildungssystems definiert werden. In den Empfehlungen für Bildungsstandards der Gesellschaft für Informatik e.V. (GI) wurde bereits 2008 aus fachdidaktischer Perspektive eine Vorstellung zu einer informatischen Allgemeinbildung im Informatikunterricht für die Sekundarstufe I formuliert und diese wurde bis zum Jahr 2019 für Primar und Sekundarstufe II erweitert. Der Ansatz dient als Grundlage, welche informatischen Kompetenzen zur Allgemeinbildung in einer digitalen Gesellschaft gehören [Br19]. Aufgrund von begrenzten (insb. zeitlichen) Ressourcen in der Lehrkräftebildung sind die Kompetenzen der Bildungsstandards aktuell nicht für alle Lehrkräfte erreichbar. Die IGKs können somit als notwendige Priorisierung der Bildungsstandards für Lehrkräfte aller Fächer verstanden werden. Die in diesem Artikel erläuterten IGKs sollen die Lehrkräftebildung unterstützen, indem eine bevorzugte Auswahl an informatischen Basiskompetenzen genannt wird, um (angehende) Lehrkräfte auf die Herausforderungen der Digitalisierung in der Schule vorzubereiten. IGKs ermöglichen es, Lehrkräften aller Schulformen und Fächer auch in der Zukunft digitale Medien und entsprechend angereicherte Methoden für ihren Unterricht beurteilen und anwenden zu können. Durch den Erwerb von IGKs können die geforderten Kompetenzbereiche der KMK in den Unterricht integriert werden und Lehrkräfte die Schule von Morgen gestalten. In der Positionierung der Hochschulrektorenkonferenz wurden unter dem Punkt: „3. Curriculare Verankerung von Themen und Kompetenzen" informatische Kompetenzen als Grundlage einer verantwortungsvollen Verwendung digitaler Lehr-Lernformate genannt. Dies bedeutet, dass den Hochschulen die Aufgabe erteilt wird, durch neue Entwicklungsräume (nicht nur durch befristete Förderlinien des Bundes oder der Länder), Infrastrukturen sowie experimentelle Lehr-Lern-Settings zu erschaffen, welche diese informatischen Grundkompetenzen lehramtsspezifisch etablieren [Ho22].

2.2   Erarbeitung und Aufbau der informatischen Grundkompetenzen

In der Erarbeitung der IGKs für alle Lehrkräfte wurden zunächst Kompetenzformulierungen aus verschiedenen Quellen wie den Bildungsstandards der GI und den Vorgaben des DigCompEdu [Eu17] zusammengetragen und durch eigene Formulierungen ergänzt. Darauffolgend wurden die gesammelten Kompetenzformulierungen auf ihre Bedeutung für die Aufgaben und Tätigkeiten von Lehrkräften analysiert und diskutiert. So konnte die Sammlung auf die Grundkompetenzen reduziert werden. Teilweise wurden dafür auch Kompetenzen zusammengefasst und Formulierungen angepasst. Die resultierende Sammlung an Kompetenzen wurde in Anlehnung an die Bildungsstandards in drei Kompetenzbereiche zusammengefasst (siehe Abbildung 1).

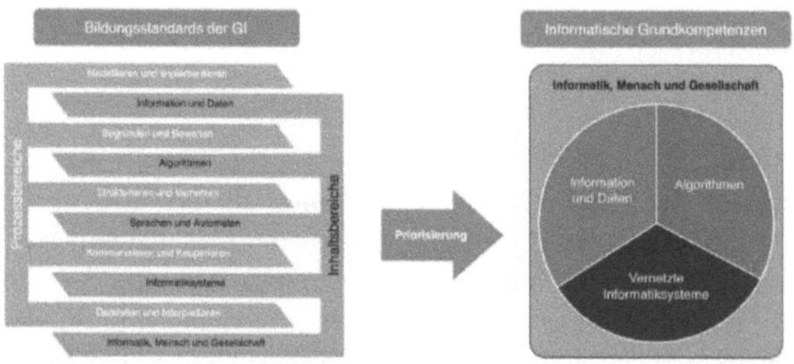

Abbildung 1: Ableitung der IGKs aus den Bildungsstandards der GI

Die IGKs bestehen aus den drei Inhaltsbereichen: Information und Daten, Algorithmen und (vernetzte) Informatiksysteme. Da das Ziel der IGKs die Einbindung in allen

Fächern und überfachlichen Kontexten ist, werden die inhaltsorientierten Bereiche von der Perspektive „Informatik, Mensch und Gesellschaft" eingerahmt (siehe Abbildung 2). Hiermit wird die Bedeutung der Anwendung informatischer Kompetenzen in neuen Kontexten betont. Die IGKs werden aktuell in Expert:innen-Interviews evaluiert und in ersten Lehrveranstaltungen vermittelt und erhoben. Der aktuelle Stand der Arbeit, gemeinsam mit einem Evaluationsinstrument, wird über die Webseite der Didaktik für Informatik der TU Dresden zur Verfügung gestellt 22a].

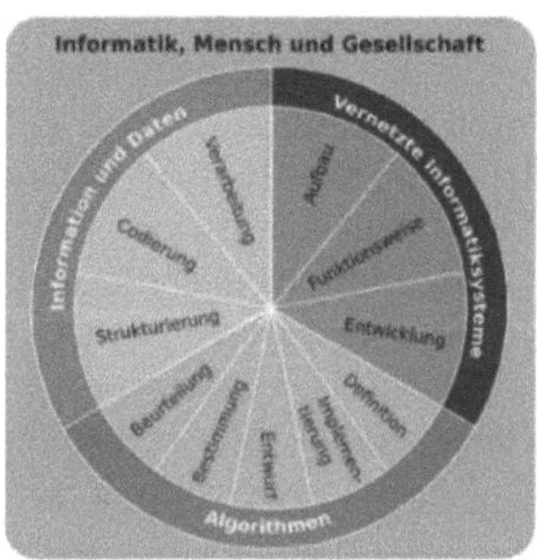

Abbildung 2: Struktur der IGKs mit Bereichen und Unterkategorien («Informatische Grundkompetenzen» 2022)

2.3   Fächerverbindende Aspekte

Informatische Grundkompetenzen bilden die Voraussetzung zur Integration informatischer Inhalte in allen Fächer. So lässt sich nur mit IGKs erklären, welche Auswirkungen aktuelle Entwicklungen im Bereich KI auf unsere Gesellschaft haben, wie Simulationen erstellt und in den Naturwissenschaften genutzt werden oder wie Kryptowährungen funktionieren und welchen Einfluss diese auf die Wirtschaft haben könnten. Gleichzeitig sind IGKs allein nicht ausreichend, damit Lehrkräfte diese Bezüge in ihren Unterricht integrieren. Ergänzende Vermittlungskompetenzen, Fachsprache und eine Selbstwahrnehmung als Kompetenz sind ebenso notwendig. Um diese Voraussetzungen zu schaffen, wurde an der TU Dresden das Seminar „IT4all" im Ergänzungsbereich für Lehrkräfte aller Fächer entwickelt und pilotiert.

2.4   Seminarvorstellung „IT4all"

Das Seminar „IT4all" wird seit dem Wintersemester 2020 an der TU Dresden im Ergänzungsbereich für Lehramtsstudierende der Sekundarstufe I angeboten. Ziel ist es, die vorgestellten IGKs an Studierende ohne das Fach Informatik zu etablieren. Die Veranstaltung wird jedes Semester in Präsenz mit bis zu 20 Studierenden durchgeführt. Basierend auf den IT2School Materialien der „Wissensfabrik" 22b] , werden verschiedene Themen mit Informatikbezug in einem fächerverbindenden Kontext betrachtet. Die

Themenbereiche werden einfach verständlich in Lernmodule aufgeteilt und für den Unterricht aufbereitet. Dadurch sollen die Teilnehmenden befähigt werden, informatische Fachbezüge in ihren Fächern aufzugreifen und den Schüler*innen so die aktive Teilhabe an der digitalen Gesellschaft zu ermöglichen.

Damit angehende Lehrkräfte ein Verständnis entwickeln, dass informatische Grundkompetenzen in allen Fächern etablierbar sind, sollen die Studierenden die Module in ihre eigenen Fächer integrieren. Dazu erfolgt in Gruppenarbeit eine Moduldurchführung von den Studierenden mit den anderen Teilnehmenden innerhalb des Seminars. Am Ende des Semesters ist eine Praxisdurchführung mit Schulklassen eingeplant. Die Strukturierung der wöchentlichen Lehrveranstaltung basiert auf zwei Phasen. Als erstes führen die Dozierenden in die verschiedenen Themen ein (IGKs und digitale Inklusion), woraufhin in der zweiten Phase die Teilnehmenden in Gruppenarbeit und in Feedbackschleifen die Module mit Bezug zu ihren Fächern durchführen (siehe Abbildung 3: Aufbau des Seminars „IT4all"). Um die Umsetzung von neuen Unterrichtskonzepten durch digitale Medien zu fördern, sollen alle Teilnehmenden in Anlehnung an das „Flipped Classroom Konzept" [We21] durch einen selbsterstellten Screencast eine Moduleinführung vorbereiten.

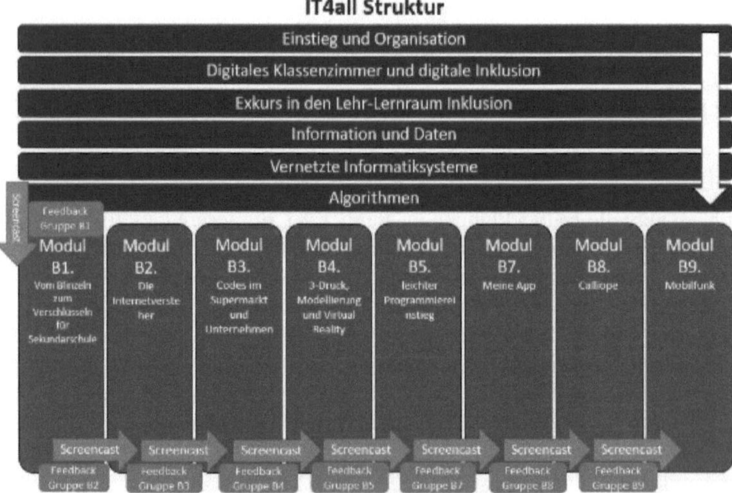

Abbildung 3 : Aufbau des Seminars „IT4all"

Das Seminar IT4all verfolgt das Ziel, Lehramtsstudierende aller Fächer mit informatischen Inhalten vertraut zu machen. Dies ist auch eine Zielvorgabe der IGKs. Auch wenn nicht jede Kompetenz des Katalogs im Seminar abgedeckt wird, so verfolgt doch jedes Modul Ziele, die einzelnen Kompetenzen der IGKs entsprechen. Im Rahmen von IT4all werden so Kompetenzen aus allen drei Kompetenzbereichen der IGKs adressiert. Das Modul „Vom Blinzeln zum Verschlüsseln" beschäftigt sich zum Beispiel mit den Grundlagen der Codierung und ist damit dem Bereich „Information und Daten" zuzuordnen. Grundlegende Kompetenzen aus dem Bereich Algorithmen werden im „Programmiereinstieg mit Scratch" vermittelt und anschließend in weiteren Modulen, wie „Meine App" mit dem AppInventor vertieft. Auch „(Vernetzte) Informatiksysteme" werden in den Modulen „Internetversteher" oder dem Physical Computing Ansatz mit dem „Calliope Mini" betrachtet.

Das Seminar IT4all nutzt ein Lehr-Lern-Labor, welches als Teaching Lab im Rahmen des Projektes Praxisdigitalis[4] entstanden ist und weiterentwickelt wird. Das Lehr-Lern-Labor wurde konzipiert, um den folgenden zwei Problemstellungen zu begegnen: Lehramtsstudierende werden nach dem Studium im Schnitt mehrere Jahrzehnte unterrichten und dabei mit immer neuen technischen Entwicklungen konfrontiert werden. Das Teaching Lab soll mit einer hochmodernen Ausstattung dazu beitragen, den Unterricht von Morgen bereits im Studium erfahrbar zu machen. Dazu stehen Geräte wie Laser-Cutter, 3D-Drucker, VR-Brillen und Multitouch-Tische zur Verfügung und können in Seminaren und Unterrichtserprobungen zum Einsatz kommen. Für eine Integration von informatischen Inhalten in den Unterricht aller Fächer ist neben dem Grundlagenwissen auch eine Vermittlungskompetenz notwendig. Diese kann nur in praktischen Unterrichtserprobungen erlangt und überprüft werden, weshalb über das Lehr-Lern-Labor eine Kooperation mit Schulen angestrebt wird. Die Unterrichtsversuche können anschließend auch zu Forschungs- und Evaluationszwecken (Videografie, Befragung von Lehrenden, Lernenden und Beobachtenden) ausgewertet werden. Während der Planung des Lernlabors wurde sich bereits mit dem Inklusionslabor des Zentrums für Lehrerbildung, Schul- und Berufsbildungsforschung (ZLSB) z.B. über flexible Möblierungsoptionen ausgetauscht. Das Lehr-Lern-Labor ist somit ein sehr wandlungsfähiger Lernraum, in dem eine Vielzahl an Methoden und Konzepten auch unter Inklusionsaspekten erprobt werden können. Unterrichtserprobungen können mithilfe mehrerer 360-Grad-Kameras aufgenommen oder als Livestream an Beobachtende in einem anderen Raum übertragen werden. Zur Auswertung werden VR-Brillen verwendet. Außerdem soll die Durchführung durch eine Befragung der verschiedenen Beteiligten evaluiert werden. Diese Perspektiven sind sowohl eine Selbsteinschätzung der Lehrenden als auch eine Befragung der Lernenden und der beobachtenden Personen. Diese Erhebungen können außerdem mit dem geplanten Verlauf der Unterrichtseinheit verglichen werden.

---

[4] https://www.zls.uni-leipzig.de/forschung-und-projekte/praxisdigitalis-praxis-digital-gestalten-in-sachsen

3 Berührungspunkte zur Inklusion

3.1 Konzepterweiterung

Um Berührungspunkte zur Inklusion zu schaffen, wurde das Seminarkonzept zum Sommersemester 2022 überarbeitet. Ein erster Schritt erfolgte mit der Zusammenarbeit mit dem Team der Lehr-Lernraum-Inklusion an der TU Dresden. Dieser diente bereits bei der Ausstattung des Teaching Labs als Inspiration. Hier wird Inklusion als fächerübergreifender Themenschwerpunkt in der Lehramtsausbildung unterschiedlicher Fachdidaktiken implementiert. Unterstützung gibt es in der Planung, Durchführung und Evaluation inklusiver Lehr-Lern-Arrangements. Dazu sind neben der Ausstattung auch unterschiedliche Medien für eine inklusive Lehre ausprobierbar. Im Seminar wird das Angebot als Exkurseinheit genutzt, in der die Teilnehmenden des Kurses einen Workshop zum Thema „Inklusion im Unterricht" besuchen (siehe Abbildung 3). Auch wird nun in den einführenden Veranstaltungen, neben informatischen Grundlagen, die digitale Inklusion thematisiert. Ziel ist hier, dass die Teilnehmenden des Seminars die Querschnittsthemen „Digitalisierung" und „Inklusion" zusammenhängend begreifen. Dabei wird die Absicht verfolgt zu sensibilisieren, Akzeptanz zu schaffen und Berührungsängste zum Thema „Inklusion" zu nehmen. Durch das Angebot im Ergänzungsbereich entsteht ein sehr heterogenes Lernumfeld mit sehr unterschiedlichen Erfahrungen der Teilnehmenden. Daher integriert das Seminar nur Grundlagen der Rahmenbedingungen von digitaler Inklusion, damit weitergehend der Fokus des Lerninhaltes auf dem Erwerb von IGKs liegt.

3.2 Ausblick

Neben den inhaltlichen Abstimmungen zu inklusiven Berührungspunkten sollen Maßnahmen für eine barrierefreie Teilnahme am Seminar „IT4all" umgesetzt werden. Grundlage soll der Leitfaden „Barrierefreie Hochschule, „Leitfaden für Lehrende" [SMS17] sein.

Eine Zusammenarbeit mit der Professur MCI (Mensch-Computer-Interaktion) am Institut für Angewandte Informatik an der TU Dresden könnte neue Blickwinkel in der Verbindung von Informatik und Inklusion schaffen. Forschungsschwerpunkte der Professur sind hier digitale Barrieren im Web, E-Learning, Zugang zu graphischen Notationen und die Nutzung mobiler Geräte. Hier eignet sich ein Besuch im Usability-Labor, ein speziell eingerichtetes Labor zur Entwicklung von Barrierefreiheit in Webseiten, digitalen Werkzeugen und unterschiedlichen Produkten. Im Seminar könnte am Ende des Semesters ein Ausflug in das Usability-Labor organisiert werden. Hier gibt es Möglichkeit, dass die Teilnehmenden ihre neu erlangten informatischen Kompetenzen, an den Unterstützungstechniken ausprobieren und diese erkunden. Die dort für blinde und sehbehinderte Menschen entwickelte barrierefreie Weiterbildungsplattform „iBoB" könnte als Beispiel für eine barrierefreie, digital inklusive Maßnahme den Teilnehmenden von „IT4all" präsentiert werden.

In Zukunft erscheint eine vertiefende Zusammenarbeit mit dem Lehr-Lernraum Inklusion der TU Dresden vielversprechend. So könnten in Kooperation interaktive Lerninhalte für Multitouch-Tische und VR mit einem besonderen Fokus auf Inklusion entwickelt und erweitert werden und im Rahmen des Seminars zum Einsatz kommen.

4   Literaturverzeichnis

22a]   Informatische Grundkompetenzen, 2022.

22b]   IT2School, 2022.

[Ba22]   Baberowski, D.: Informatische Grundkompeteznen. TU-Dresden Didaktik der Informatik, 2022.

[Br19]   Brinda, T. et al.: Frankfurt-Dreieck zur Bildung in der digital vernetzten Welt: Ein interdisziplinäres Modell. 1617-5468, 2019.

[Di18]   Diethelm, I.: Digitalisierung in Schule, Ausbildung und Hochschule – Strukturierungshilfen, Bildungsziele und Handlungsempfehlungen für das Feld „Digitale Bildung" - Stellungnahme Öffentliches Fachgespräch "Digitalisierung in Schule, Ausbildung und Hochschule" Ausschussdrucksache 19(18)37 g Ausschuss für Bildung, Forschung und Technikfolgenabschätzung, 2018.

[Eu17]   European Commission. Joint Research Centre.: European framework for the digital competence of educators DigCompEdu. Publications Office, LU, 2017.

[Fi19]   Filk, C.: Adaptive digitale Kulturtechniken im inklusiven Unterricht – Wegmarken zur Sensibilisierung und Qualifizierung von Lehrkräften Ludwigsburger Beiträge zur Medienpädagogik, https://www.medienpaed-ludwigsburg.de/article/download/374/369, 2019.

[FKM14]   Frederking, V.; Krommer, A.; Möbius, T. Hrsg.: Digitale Medien im Deutschuntterricht. Schneider Verlag Hohengehren GmbH, Baltmannsweiler, 2014.

[Ho22]   Hochschulrektorenkonferenz: Entschließung des 150. Senats der HRK am 22. März 2022 Videokonferenz, 2022.

[JM15]   Jörissen, B.; Münte-Goussar, S.: Medienbildung als Schulentwicklung, 2015.

[KM11]   KMK: Inklusive Bildung von Kindern und Jugendlichen mit Behinderungen in Schulen, 2011.

[Ku16]   Kultusministerkonferenz: Bildung in der digitalen Welt. Strategie der Kultusministerkonferenz, 2016.

[Ku21]   Kultusministerkonferenz: Lehren und Lernen in der digitalen Welt - Ergänzung zur Strategie der Kultusministerkonferenz „Bildung in der digitalen Welt", 2021.

[Pe18]   Pelka, B.: Digitalisierung tut not - aber nicht überall und nicht für jeden, 2018.

[PM20]   Palmer Parreira, S.; Martschinke, S.: Ziele und Möglichkeiten informatischer (Grund)Bildung in der Primarstufe am Beispiel der Evaluation eines Unterrichtsprojekts. In (Thumel, M.; Kammerl, R.; Irion, T. Hrsg.): Digitale Bildung im Grundschulalter. Grundsatzfragen zum Primat des Pädagogischen, S. 253–271, 2020.

[SMS17]   Slanina,, Kathleen Slanina; Mannewitz, K.; Stabsstelle Diversity Management: Barrierefreie Hochschullehre Leitfaden für Lehrende. Technische Universität Dresden, 2017.

[WE12]   Watkins, A.; European Agency for Development in Special Needs Education Hrsg.: Inklusionsorientierte Lehrerbildung: ein Profil für inklusive Lehrerinnen und Lehrer. European Agency for Development in Special Needs Education, Odense Brüssel, 2012.

[We21]   Werner, J. et al. Hrsg.: Flipped Classroom - Zeit für deinen Unterricht: Praxisbeispiele, Erfahrungen und Handlungsempfehlungen. Verlag Bertelsmann Stiftung, Gütersloh, 2021.

Digital Literacy in K-12 Curriculum — the Dutch Case

Nataša Grgurina[1]

Abstract: In the Netherlands, all of the K-12 curricula are about to be revised and digital literacy is supposed to get a prominent role in all disciplines. In 2014, Dutch Institute for Curriculum Development (in Dutch: Stichting leerplanontwikkeling, SLO) elaborated on the definition of digital literacy and described it in terms four elements: ICT skills, Media wisdom, Computational thinking, and Information skills. The subsequent curriculum.nu initiative, striving to suggest new directions for revised curricula, interpreted digital literacy further in terms of six building blocks and four perspectives. From there, SLO is about to formulate learning goals for all disciplines across K-12 curricula where the learning goals of digital literacy are intertwined with the subject matter learning goals in order to advance the students' learning of both.

Keywords: Curriculum, curriculum development, digital literacy, the Netherlands.

1 Curricula in the Netherlands

In the Netherlands, the curricula containing learning goals for all K-12 education are formulated separately for primary and lower secondary education (K-9) on one hand, and higher secondary education on the other. For K-9, the entire curriculum introduced in 2006 consist of 58 so-called core learning goals. This curriculum does not contain any aspects of digital literacy beyond using information from digital sources. For subjects taught in higher secondary education, there are separate curricula for each subject that were introduced at various moments during last two decades, and one of those is the elective Informatics course. The learning outcomes of the core learning goals in the primary and lowed secondary education are assessed at school only. The learning outcomes for the majority of subjects in the higher secondary education are additionally assessed through national exams taking place at the end of the secondary education. Informatics, however, is one of the few subjects with no such nation final exam. The situation of Informatics in the Netherlands is described in detail in [GT08] und [GTB18].

2 Digital Literacy

Whereas the curriculum of the elective course Informatics was recently revised [BGT16] and came in effect in 2019, the rest of the curriculum is only now getting a green light to start the revision in its entirety. The intention is to give digital literacy (DL) a prominent role through the entire curriculum, across all disciplines taught at school.

---

[1] University of Groningen, Faculty of Behavioural and Social Sciences, Teacher Education, Grote Kruisstraat 2/1, 9712 TS Groningen, the Netherlands and SLO, Amersfoort, the Netherlands

The initial definition of DL, established in 2014 by Dutch institute for curriculum development (SLO), describes it in terms of four aspects [TFH14]:

- ICT skills — knowledge and skills needed to work with computers in all forms. This concerns operating and understanding the possibilities and the limitations of digital technology. These basic skills underpin the other components of digital literacy.
- Media wisdom — knowledge, skills and mentality needed to deal with digital media in a conscious, critical and active manner
- Computational thinking — thinking skills and technology towards programming
- Information skills — (research) process to systematically, effectively and efficiently search, find and share digital information.

Since 2014, the numerous grassroots initiatives for curriculum renewal from parents, teachers, school administrators and other stakeholders led to the curriculum.nu[2] initiative. This initiative strived to redefine the core curriculum for the primary and lower secondary education. In 2019, its efforts yielded a proposal that describes the core curriculum for K-19 education in terms of nine learning areas — one of them being digital literacy.

The curriculum.nu definition of DL took the 2014 description of DL through its four elements as a starting point. It added four intertwined perspectives describing the ways students deal with technology: dealing with, thinking over, creating with, and knowledge of. Furthermore, three contexts for the use of DG are recognized: personal life, society, and study and profession. All these considerations led to the six building blocks describing the learning area digital literacy:

1. Data and information:
   1.1. From data to information
   1.2. Digital data
2. Security and privacy in the digital world
   2.1. Security in the digital world
   2.2. Privacy in the digital world
3. The functioning and (creative) use of digital technology
   3.1. Interaction and creation with digital technology
   3.2. Controlling and creating with digital technology
4. Digital communication and collaboration
   4.1. Networks
   4.2. Digital communication
   4.3. Digital collaboration
5. Digital Citizenship
   5.1. De digital citizen
   5.2. Digital identity
6. Digital economy

---

[2] https://www.curriculum.nu/voorstellen/digitale-geletterdheid/

6.1. Participation in the platform economy

6.2. Digital marketing

These building blocks provide the descriptions of learning goals on two levels: one for primary education and one for lower secondary. For example, the description of the learning goal 4.2 Digital communication for primary education states, "Students learn how digital communication tools work and how to use them to communicate purposefully with others. They learn to use social media responsibly". Another example is the description of the learning goal 3.2 Controlling and creating with digital technology for lower secondary education: "Students learn to program to creatively solve more complex problems. They are introduced to AI and robotics and learn to think about the value of technology for their personal lives and society."

All of these definitions will serve as starting points for the development of learning goals of DL in the upcoming curriculum revisions.

3   Integrating Digital Literacy into Curricula

In the fall of 2021, green light was given for the revision of the curricula for the subjects Dutch language, foreign languages, mathematics, and social science, in the upper grades of secondary education. It is not clear yet when the rest of the curricula will follow (for K-9 and other subject in higher secondary education). Nevertheless, a number of design principles for all of these curricula have been stated and all of these revised curricula should take them into account.

Achieving equal opportunity for all the students is of paramount importance. Therefore, it is crucial that the curricula describe what all students in the Netherlands minimally need to learn in order to prepare for their future. This entails creating a broad foundation in the curricula and this in turn entails introducing civics and digital literacy — the two learning areas that are either not sufficiently (civics) or not at all (DL) represented in the current curricula. The curricula of all of the subjects in the in higher secondary education are expected to integrate learning goals of both of these learning areas. Regarding civics, the learning goals which do not seem to fit into other subjects can be placed into the curriculum of the compulsory social studies subject. This is not the case for digital literacy since the related subject Informatics is elective and not offered in all schools. Therefore, the challenge arises: what to do with the learning goals of DL since it is not possible to integrate all of them (especially those related to programming, artificial intelligence and other technical matters) into the compulsory subjects Dutch language, mathematics and social sciences [DV22]. At the moment, several possible scenarios are being discussed to resolve the situation, but a decision has not been made yet.

4 References

[BGT16] Barendsen, E., Grgurina, N., & Tolboom, J.: A New Informatics Curriculum for Secondary Education in The Netherlands. International Conference on Informatics in Schools: Situation, Evolution, and Perspectives, 105–117, 2016.

[DV22] De Vries, H., & Van Rooyen, L. : Startnotitie digitale geletterdheid. Bovenbouw voortgezet onderwijs. SLO, 2022.

[GT08] Grgurina, N., & Tolboom, J.: The First Decade of Informatics in Dutch High Schools. Informatics in Education, 7(1), 55–74, 2008.

[GTB18] Grgurina, N., Tolboom, J., & Barendsen, E.: The Second Decade of Informatics in Dutch Secondary Education. In S. N. Pozdniakov & V. Dagiene (Red.), Informatics in Schools. Fundamentals of Computer Science and Software Engineering (pp. 271–282). Springer International Publishing, 2018.

[TFH14] Thijs, A. M., Fisser, P., & Hoeven, M. V. D.: Digitale geletterdheid en 21e eeuwse vaardigheden in het funderend onderwijs: Een conceptueel kader (draft), SLO, 2014.

Heterogenität und Inklusion in der fachbezogenen Lehramtsausbildung

Reflexion & Praktische Erfahrungen aus fünf Iterationen eines Praktikums

Matthias Ehlenz [1], Birte Heinemann[1], Ulrik Schroeder[1]

Abstract: Das hier vorgestellte Lehrkonzept schafft in drei Phasen einen fachbezogenen Zugang zu Inklusion und Heterogenität im Kontext der Lehramtsausbildung in Informatik und Elektrotechnik. Es führt die Studierenden an das Thema heran und lässt sie verschiedene Aspekte intensiv und praxisorientiert erkunden und aufarbeiten. Im Fokus hierbei steht der Abbau von Berührungsängsten und die Steigerung der Identifikation und Selbstwirksamkeitserwartung. Das Konzept wird in inhaltlicher, methodischer und organisatorischer Ausgestaltung vorgestellt und die Ergebnisse der bisherigen Durchgänge vorgestellt und mit der Theorie des Trilemmas der Inklusion in Bezug gesetzt.

Keywords: Inklusion, Heterogenität, inklusiver Unterricht

1 Einleitung

Ein Thema der "Qualitätsoffensive Lehrerbildung" ist Heterogenität und Inklusion, ein Querschnittsthema, das alle Lehrenden betrifft und auf das jede Lehrkraft vorbereitet werden soll[2]. Die Wichtigkeit dieses Themas wird hierbei nicht in Frage gestellt, trotzdem mangelt es aktuell noch an der reibungslosen Umsetzung und Weiterentwicklung von inklusionsorientierter Lehre an vielen Hochschulen. Ein Ansatzpunkt ist es, das fächerübergreifende Inklusionsverständnis zu fördern, aber auch die Fachdidaktiken müssen dieses Thema in die Lehre und die Curricula für angehende Lehrkräfte übernehmen. Dieser Beitrag stellt exemplarisch das didaktische Konzept des Praktikums zu Heterogenität und Inklusion in den Masterstudiengängen des Lehramts in Informatik und Elektrotechnik der RWTH Aachen vor. Die didaktischen Überlegungen zu den einzelnen Projektphasen, die bisherigen Erfahrungswerte und methodischen Erkenntnisse werden ebenso thematisiert wie die Studierendenergebnisse aus den vergangenen Durchgängen. Darüber hinaus wird das Gesamtkonzept im Detail näher beleuchtet: Die Idee des "Empowerments" durch Hilfe zur Selbsthilfe, die Studierenden Berührungsängste mit Inklusion nehmen soll, die Sensibilisierung im Umgang mit heterogenen Gruppen und die Begeisterung für pragmatische, selbstgesteuerte Lösungsansätze werden ebenso thematisiert wie die kritische Reflexion von

---

[1] RWTH Aachen University, Lerntechnologien, Ahornstr. 55, 52074 Aachen, [nachname]@cs.rwth-aachen.de
[2] https://www.qualitaetsoffensive-lehrerbildung.de/lehrerbildung/de/themen/heterogenitaet-und-inklusion/heterogenitaet-und-inklusion, aufgerufen am 1.4.2022

Rahmenbedingungen und die praktischen Auswirkungen des Trilemmas der Inklusion und der Einbindungsmöglichkeiten solch theoretischer Ansätze in ein Praktikum.

2 Struktur & Rahmenbedingungen

Die Themenkomplexe Heterogenität und Inklusion sind an der RWTH Aachen seit 2018 fester Bestandteil der Lehramtsausbildung. Um diesem umfangreichen Themenkomplex gerecht zu werden, wird es sowohl im überfachlichen Studium als auch in fachdidaktischen Anteilen curricular verankert. Dieser Beitrag betrachtet die Integration in die fachdidaktische Lehramtsausbildung in der Informatik und Elektrotechnik.

2.1 Entwicklung & Curriculare Verankerung

Die konkrete Umsetzung der Verortung des inklusionsspezifischen Anteils der fachdidaktischen Lehre ist weitgehend den Fächern überlassen worden. Sowohl in der Informatik als auch in der Elektrotechnik ist diese als Praktikum im Masterstudium etabliert worden. Die Grundkonzeption geht hierbei auf eine Vorläuferveranstaltung, das Praktikum "Faszination Technik" zurück, eine Lehrveranstaltung, in der Studierenden aller Lehrämter das technologie-orientierte Profil der RWTH für die berufliche Zukunft in der Schule vermittelt wurde. Im Gegensatz zu dieser Wahlpflichtveranstaltung ist das hier beschriebene Heterogenitäts- und Inklusionspraktikum (kurz: HIP, formal: "Inklusion und Heterogenität (Praktikum)") für alle Studierenden der betreffenden Fachrichtungen verpflichtend. Durch die relativ flexible Studienplanausgestaltung im Lehramtsmaster können hierbei die fachlichen Grundlagen zur Inklusion aus dem Bildungswissenschaftlichen Studium nicht vorausgesetzt werden.

Die Aufgabe Heterogenität und Inklusion in den fachdidaktischen Studienanteil zu integrieren, stellte auch die Dozierenden vor neue Herausforderungen: Zuvor nur oft beiläufig mit diesen Themen konfrontiert, ergab sich so die Notwendigkeit, quasi über Nacht die erforderliche Expertise zu erlangen. Dies hat das Konzept des Praktikums geprägt. Um Heterogenität und Inklusion offen zu begegnen und proaktiv damit zu arbeiten, muss man (noch) kein Experte sein. Stattdessen begleiten die Dozierenden die Studierenden bei der eigenen Erarbeitung des Komplexes auf Augenhöhe und vorrangig auf methodisch-praktischer Ebene. Somit ist eines der sekundären Veranstaltungsziele der langfristige Aufbau einer nachhaltigen Wissensdatenbank mit inklusionsbezogenen, praxisrelevanten Materialien.

Im Gegensatz dazu ist das primäre Ziel mit dem vorliegenden Konzept in einem Semester erreichbar: Es geht darum, Berührungsängste der Studierenden in Bezug auf Inklusion im eigenen Unterricht abzubauen. Es geht um die Recherche von Ursachen, Maßnahmen und Fördermöglichkeiten, aber auch um die pragmatische Auseinandersetzung mit Barrieren und die Nutzung vorhandener Kompetenzen zur praxisorientierten Implementation von Lösungsansätzen und es geht um Teamarbeit. Reduziert auf ein Lernziel steht die Steigerung der Selbstwirksamkeitserwartung der Studierenden im Fokus.

2.2 Synergien aus Zielgruppenmischung

Die gemeinsame Durchführung der Praktika für Studierende verschiedener Studiengänge bringt Herausforderungen und Chancen mit sich. Im HIP zeigt sich dies in aller Deutlichkeit: Es vereint Studierende aus den Fächern Elektrotechnik und Informatik, die darüber hinaus auch noch in verschiedenen Modellen studieren. So sind Voll- und Teilzeitstudierende mit gleichberechtigten Unterrichtsfächern und großen bzw. kleinen Beruflichen Fachrichtungen sowie mit dem Ziel Berufskolleg als auch Gymnasium und Gesamtschule Teil der Veranstaltung. Einige kommen bereits mit realen Erfahrungen aus dem Praxissemester, andere sind noch im Bachelor und hören die Veranstaltung als Mastervorzugsfach. Diese besondere Mischung hat sich in den inzwischen fünf Durchführungen der Veranstaltung als sehr fruchtbar erwiesen: In dem geschützten Raum führen die unterschiedlichen Perspektiven, auch von beruflicher Bildung zum einen und Wissenschaftspropädeutik zum anderen, zu angeregten Diskussionen.

Insbesondere in den praktischen Umsetzungsphasen, siehe 3.3., kommen darüber hinaus praktische Implikationen der verschiedenen Studiengänge zum Tragen, wenn Informatikstudierende ihre ersten Erfahrungen mit dem Lötkolben sammeln und Studierende der Elektrotechnik im Gegenzug von ihren Kommilitoninnen lernen einfache Web-Apps zu entwickeln. Die Erfahrungen zeigen, dass die formalen Hürden unterschiedlicher ECTS-Punkte und Prüfungsformen in den Hintergrund rücken und sich durch Transparenz und Steuerung von Dokumentationsanforderungen mitigieren lassen.

2.3 Lokale Rahmenbedingungen & Nachhaltigkeit

Das hier vorgestellte Praktikumskonzept profitiert insbesondere in der letzten Phase stark von den institutionellen Rahmenbedingungen. Eine umfangreiche Ausstattung steht durch das Schülerlabor der Informatik *InfoSphere* zur Verfügung. Dieses ist dem ausrichtenden Institut, dem Lehr- und Forschungsgebiet Informatik 9 (Lerntechnologien), angegliedert. Die Ausstattung umfasst unter anderem viele Elektronik-Komponenten für die Arbeit mit Arduino, 3D-Drucker sowie große und kleine Lasercutter aus verschiedenen Projekten. Dies ist aber nicht zwingend Voraussetzung für das Lehrkonzept. Viele Studierende bringen eigene Erfahrungen, Kompetenzen und Material ein, nutzen die heimische Holzwerkstatt oder schulische Ausstattung. Wie in den meisten Hochschulstädten stehen darüber hinaus inner- und außeruniversitäre FabLabs offen. Im Sinne der Nachhaltigkeit (und mit Rücksicht auf knappe Schulressourcen) wird Wert auf eine reflektierte Materialnutzung gelegt: So kommen Materialien auch aus Restekisten lokaler Baumärkte,

Prototypen werden zunächst aus Pappe, und Pläne sorgfältig diskutiert, bevor sie in die Tat umgesetzt werden.

2.4 Durchführung unter pandemischen Rahmenbedingungen

Als letztes kontextuelles Präludium muss auf die Durchführung unter Pandemiebedingungen eingegangen werden: Wie viele andere, praxisorientierte Lehrveranstaltungen hatte Corona auch Einfluss auf das HIP. Durch den Einsatz digitaler Werkzeuge und eine überschaubare Gruppengröße konnte der grundsätzliche Charakter der Veranstaltung beibehalten werden. Durch die besonderen Herausforderungen im Wintersemester 20/21 wurde in der letzten Phase nicht handlungs-orientiert konstruktiv gearbeitet, sondern existierende, digitale Tools kritisch analysiert und inklusionsorientierte Einsatzmöglichkeiten reflektiert. Hierauf wird in diesem Beitrag nicht im Detail eingegangen.

3 Das Konzept des Praktikums

Das hier vorgestellte Praktikumskonzept hat den Anspruch angehenden Lehrkräfte praxisnah und orientiert an der Lebenswirklichkeit in der Schule auf den Kontakt mit Inklusion vorzubereiten. Der Weg führt dabei vom (möglichen) Erstkontakt mit dem Heterogenitätsbegriff und Inklusion hin zu eigenständiger Recherche und lösungsorientierten Praxisprojekten. Hierzu wird ein methodischer Dreischritt verfolgt, der im Folgenden näher beschrieben wird.

3.1 Erste Phase: Was ist Inklusion?

In der ersten Phase erarbeiten sich die Studierenden geleitet Grundbegriffe, angefangen bei den UN-Behindertenrechtskonventionen bis hin zu den spezifischen Landesvorgaben und sammeln ihnen wichtig erscheinende Begrifflichkeiten in einem kollaborativen Glossar. In den Folgesitzungen werden durch den Einsatz von digitalen Tools Barrieren im Unterricht und digitale Inklusion aktiv und kritisch reflektiert. Das Glossar wird dabei auch über diese erste Phase hinaus von den Studierenden weitergepflegt, wobei nach der eigenständigen Erarbeitung dieser Grundlagen die Begriffssammlungen aus den vorherigen Iterationen einbezogen werden. Dies dient dabei auch implizit dem Zweck, den Studierenden deutlich zu machen, dass auch die eigenen Beiträge über den Ablauf des jeweiligen Semesters Bestand haben. Die Ergebnisse deuten darauf hin, dass dieser Ansatz zur Motivation und in Folge zur Qualität der Beiträge beiträgt, auch wenn dies bislang nicht empirisch untersucht wurde.

Von besonderer Bedeutung in dieser Phase sind die offenen Diskussionsrunden in den Seminarsitzungen. Heterogenität und Inklusion sind zu Beginn oft schwierig zu fassende

Begriffe, die die Studierenden im geschützten Raum besprechen können. Als Ausgangspunkt hierfür dienen zum Beispiel Word-Clouds, in denen die Studierenden selbst Begriffe und Konzepte einbringen, die sie mit Heterogenität und Inklusion assoziieren (Abbildung 1).

Abb. 1: Von Studierenden assoziierte Begrifflichkeiten

Hier gibt es kein Richtig oder Falsch, die Dozierenden beschränken sich auf eine motivierende Rolle und aktiver Erfahrungsaustausch wird in gesondertem Maße unterstützt. Dabei werden bereits digitale Tools als aktive Diskussionsanlässe eingesetzt, indem mehr oder weniger provokante Thesen in den Raum gestellt werden, zu denen sich die Studierenden anonym positionieren sollen, wie in Abb. 2 exemplarisch dargestellt.

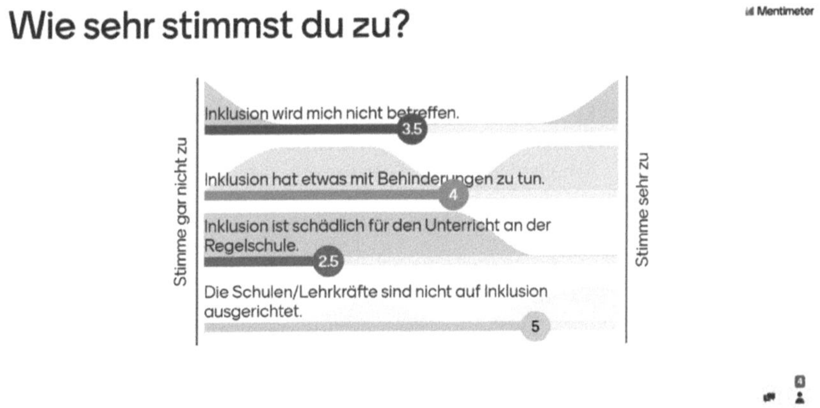

Abb. 2: Positionierung zu Inklusionsaussagen als Diskussionsanlass

3.2 Zweite Phase: Schulrelevanz von Inklusion

In der zweiten Projektphase wird darauf aufgebaut und entsprechend den Vorerfahrungen, Wünschen und Interessen der Studierenden weiter ausdifferenziert: Die Studierenden erarbeiten hierzu in Kleingruppen Inklusions- und Förderbedarfe und informieren sich ausführlich zu den gewählten Themen. In der Dokumentation sollen die Studierenden im Anschluss ihr Thema praxistauglich aufbereiten: Ziel des erstellten Materials soll es sein, Lehrkräften, die im Berufsalltag mit den entsprechenden Herausforderungen konfrontiert werden, einen soliden Überblick zu verschaffen, Berührungsängste zu nehmen und auf weiterführende Materialien zu verweisen. Im Vordergrund steht hierbei die zugängliche, interaktive Aufarbeitung des Materials[3], in interaktiven Präsentationen, Pocketguides, Lernspielen oder Lernvideos[4], inhaltliche Vollständigkeit ist sekundär.

3.3 Dritte Phase: Praxisnahe Umsetzung

In der dritten Phase, die in der Regel das halbe Semester umfasst, bekommen die Studierenden schließlich den Auftrag, sich einen Unterrichtsinhalt oder -baustein aus ihrem Fach herauszusuchen und in *irgendeiner* Form inklusiv zugänglicher zu machen. Hierbei sind bewusst keine Grenzen kommuniziert, so dass die Studierenden hier kreativ werden können. Häufig werden haptische Lernhilfen entwickelt, die sowohl den Förderschwerpunkt Lernen bedienen als auch in anderen Kontexten wie bei visuellen Beeinträchtigungen zum Tragen kommen können, jedoch werden auch häufig Sprachbarrieren oder motorische Einschränkungen adressiert. Den Studierenden steht es hierbei frei, rein digitale Tools zu entwickeln, oder auf die gegebenen Ressourcen des Labors für Lerntechnologien zurückzugreifen und Lötkolben, Lasercutter und 3D-Drucker in die Entwicklung einzubeziehen. Gerade in diesen Projekten kommen auch die Synergien der gemeinsamen Durchführung mit Lehramtsstudierenden aus Elektrotechnik und Informatik zum Tragen.

Regelmäßige Sitzungen mit Peer-Feedback zum Arbeitsfortschritt verstärken den Prozess. Am Ende steht so nicht nur ein "Produkt" als praktische Inklusionshilfe, sondern auch Dokumentation, Quellen, Arbeitsblätter und Anleitungen zum didaktischen Einsatz und Nachbau im Sinne von Open Educational Resources.

4 Ausgewählte Ergebnisse

In den vergangenen Durchläufen sind viele Materialien entwickelt worden. Alle Ergebnisse zu präsentieren, liegt außerhalb des Rahmens dieses Beitrags und jenseits der

---

[3] Beispiele auf den Unterseiten des Lehrstuhls zu finden: https://learntech.rwth-aachen.de/cms/LearnTech/Studium/Lehre/Wintersemester/~lsyl/Faszination-Technik-in-der-Informatik/

[4] Beispiele für zwei Themen aus dem WiSe 19/20 zu sexualisierter Gewalt und Gehörlosigkeit: https://youtube.com/playlist?list=PLD8g27e8hBS2ViOgWacd4G8RI3OFuE9R6

Möglichkeiten dieses Mediums. Ziel ist hier dementsprechend, einen Überblick über die behandelten Themen zu geben und exemplarische Projekte näher zu beleuchten.

Die Studierenden hatten den Auftrag auf Freiheit der eingebundenen Inhalte soweit möglich zu achten und wurden gebeten ihre Einwilligung zur Veröffentlichung zu geben. Entsprechend sind alle entwickelten Materialen zur Weitergabe freigegeben und können auf Anfrage zur Verfügung gestellt werden. Eine breite Auswahl von Beispielen und Materialien ist auf der bereits genannten Webseite zu finden.

4.1   Material für Lehrkräfte

Die interaktiven Materialien der ersten Projekt-Phase decken bereits jetzt ein großes Themenspektrum aus dem Bereich Heterogenität und Inklusion ab. Gegenwärtig gibt es Materialien zu Autismus, Chancengleichheit, Dyskalkulie, Gehörlosigkeit, herkunftsbezogenen Sprachbarrieren, interkultureller Kompetenz, leichter Sprache, Lese-Rechtschreib-Schwäche, physischen & psychischen Barrieren, Rückzugsräumen, Seheinschränkungen, sexualisierter Gewalt und sprachsensiblem Unterricht. Darüber hinaus haben sich einzelne Studierendengruppen mit der übersichtlichen Aufbereitung der Förderschwerpunkte, der Möglichkeiten zur Finanzierung von Hilfsmitteln und den rechtlichen Grundlagen auseinandergesetzt.

4.2   Material für den Unterricht

In der zweiten Projektphase ist die Kreativität der Studierenden gefragt: Gerne werden hier haptische Prototypen konzipiert, die in verschiedenen Förderschwerpunkten verortet werden können. Entsprechende Entwicklungen umfassen beispielsweise das in Abbildung 3.a dargestellte Modell zur spielerisch-taktilen Erprobung endlicher Automaten, Legespiele zu elektrischen Schaltkreisen (3.b) oder dem Erlernen der Farbcodierung von Widerständen am überdimensionierten Modell (3.c). Häufig werden diese Modelle dann auch noch mit Arduino-Mikrocontrollern kombiniert, um z.B. wie in Abb. 3.d logische Gatter ganzheitlich erlebbar zu machen.

Weitere anfassbare Projekte umfassen die Konstruktion einer "low-cost" Braille-Zeile, ein Trainingsgerät, um Mitschülern die Blindenschrift spielerisch näher zu bringen sowie Rätselboxen zur Binärcodierung von Zahlen und Buchstaben oder zu einfachen Verschlüsselungsverfahren. Aber auch digitale Produkte wurden im Praktikum entwickelt, so beispielsweise eine Bildschirmtastatur, die Lernende mit verschiedenen Farbsehschwächen beim Erlernen des Umgangs mit einer Computertastatur unterstützt oder eine Android-App, mit der Lernende im Autismusspektrum das Lesen von Emotionen in Gesichtern üben können.

Abb. 3: Ausgewählte Ergebnisse: Automatenmodell (a), Schaltkreise-Legespiel (b),
überdimensionaler Widerstand (c), Logikgatter (d)

5   Herausforderung Bewertung

Geschützte Räume zu eröffnen, in denen Studierende offen persönliche Erfahrungen und
Ängste kommunizieren können, und zugleich am Ende diese beurteilen zu müssen, stellt
hohe Anforderungen an das Bewertungskonzept. Schlüssel hierzu ist die Transparenz des
Verfahrens. Die Bewertungskriterien für die Projekte werden demnach klar kommuniziert.
Zu jeder Abgabe des Materials für Lehrkräfte gehört neben dem entwickelten Material
eine schriftliche Dokumentation des Arbeitsprozesses: Die ausformulierte Zielsetzung des
Materials, die Motivation dahinter, die daraus abgeleitete Vorgehensweise und die
gefundenen Quellen inklusive einer kurzen Quellenkritik. Diese Dokumentation fließt
ebenso wie Kreativität, Qualität der Umsetzung und Verwendbarkeit des Materials mit
ein. Bei der Abgabe des Prototyps für inklusiven Unterricht kommt die Reproduzierbarkeit
anhand der Dokumentation hinzu, darüber hinaus sind Einsatzmöglichkeiten und deren
didaktischer Mehrwert zu erörtern.

In der (je nach Prüfungsordnung erforderlichen) mündlichen Modulabschlussprüfung haben die Studierenden dann die Gelegenheit, ihr Material noch einmal persönlich ausführlich vorzustellen und mit den erlernten Grundlagen der ersten Phase und gegebenenfalls persönlichen Erfahrungen in Verbindung zu bringen.

6   Das HIP im Trilemma der Inklusion

Dieses Thema wurde von den Studierenden selbst in unser Praktikum eingebracht. Diese kamen mit dem Themenkomplex schon durch eine andere allgemeinpädagogische Vorlesung in Berührung und äußern den Wunsch dieses Thema noch einmal aufzugreifen, um es leichter fassbar zu machen und aus Perspektive des Fachs Informatik zu betrachten. Nach der theoretischen Aufarbeitung (z.B. in der ersten Projektphase durch die Studierenden selbst oder die Lehrenden) kann dieses Modell das gesamte Praktikum über als Möglichkeit genutzt werden die Diskussion zu unterstützen und jede Idee und jedes Projekt aufgrund dieser Theorie zu reflektieren und die Positionierung im Spannungdreieck zwischen Empowerment, Normalisierung und Dekonstruktion zu finden, siehe [Bo15].

Abb. 2: Trilemma der Inklusion, Darstellung der Studierenden nach [Bo17] [sic]

Vor diesem Hintergrund kann außerdem im nächsten Schritt das Praktikum selbst betrachtet werden und die Position im Trilemma mit Studierenden gemeinsam reflektiert werden. Hierbei wird reflektiert, dass inklusiver Unterricht nicht automatisierbar ist, sondern vielmehr Lösungen für verschiedene Inklusionsszenarien erstellt werden, die nie eine Lösung für alle sein können, siehe [Bo17]. Die Integration des Trilemmas der Inklusion unterstreicht, wie schwierig es ist, den Inklusionsbegriff zu fassen und die verschiedenen Perspektiven und Positionen zu verorten und beweist, weshalb der Inklusionsbegriff so umstritten ist, siehe [Gr19].

Beispiele für den Informatikunterricht für die Knotenpunkte der Theorie:

N (Inklusion ist Normalisierung) - Screenreader, um Schülerinnen und Schülern mit einer Sehschwäche ohne Anpassung des Materials zu ermöglichen im Unterricht mitzumachen.
E (Inklusion ist Empowerment) - Einzelne Gruppen stärken und auf deren Bedürfnisse eingehen, indem z. B. verschiedene Lösungswege akzeptiert werden und Lernende wählen, ob sie mit textueller oder visueller Programmierung Aufgaben lösen möchten.
D (Inklusion ist Dekonstruktion) - ein Ansatz, der schwer im Schulsystem umsetzbar ist, da nicht zwischen zu-integrierenden und integrierten Lernern unterschieden wird. Ein Ansatz hierfür ist zieldifferenter Unterricht.

Ebenso laden die an den Kanten des Trilemmas der Inklusion befindlichen Verbindungen von jeweils zwei Knotenpunkten zu Diskussionen ein und verdeutlichen besonders, dass nur maximal zwei Thesen des Trilemmas gleichzeitig wahr sein können. Eine von den Studierenden erarbeitete interaktive Präsentation mit weiteren Beispielen wird auf der Seite des Lehrstuhls bereitgestellt.

Andere Themen, die ebenfalls ein Spannungsfeld eröffnen und die zur theoriebasierten Reflektion anregen sind, z.B. Chancengleichheit [Be13], Gerechtigkeit [Be13] und die Schwierigkeit Material direkt inklusiv zu gestalten, ohne schon genauer zu wissen was der Bedarf der Lernenden sein wird.

7 Zusammenfassung

Lernziele nach [TKB14] für eine inklusionsunterstützende Didaktik, die in dem Praktikum erreicht werden sollen, sind eine inklusive Grundhaltung einzunehmen, die Akzeptanz und Empathie zu verstärken. Wir machen darauf aufmerksam, dass Förderdiagnostik didaktisch in den eigenen Unterricht eingebunden werden sollte und soziale Kompetenzen hier neben den klassischen fachlichen Kompetenzen zu beachten sind. Wir möchten, besonders durch die Verknüpfung beider Projektphasen die Möglichkeiten der Individualisierung und Adaptivität zeigen und Möglichkeiten der individuellen Förderung und deren Aufwände abschätzbarer machen. Themen wie die soziale Integration spielen in der ersten und zweiten Praktikumsphase eine Rolle und werden mit den Studierenden besprochen. Und ein besonderes Lernziel ist die Erfahrung des Co-Teachings und der Teamarbeit, die Studierenden sollen sensibilisiert werden und sich durch den Austausch und die Vernetzung mit anderen der Querschnittsaufgabe der Inklusion stellen. Bisher sprechen die Ergebnisse für sich: Die Studierenden setzen sich, zum Teil auch freiwillig deutlich über den durch die ECTS-Credits vorgegebenen Zeitrahmen hinaus, mit viel Begeisterung für ihre Projekte ein, Berührungsängste mit Inklusion und Heterogenität wirken deutlich reduziert. Die Rückmeldungen sind durchweg positiv und bestärken die Intention der künftigen Fortführung des Projektes.

8   Literatur

[Be13] Bertelsmann Stiftung: Chancenspiegel 2013: zur Chancengerechtigkeit und Leistungsfähigkeit der deutschen Schulsysteme mit einer Vertiefung zum schulischen Ganztag. Verl. Bertelsmann Stiftung, Gütersloh, 2013.

[Bo15] Boger, Mai-Anh: Theorie der trilemmatischen Inklusion. In (Schnell, Irmtraud, Hrsg.): Herausforderung Inklusion – Theoriebildung und Praxis. Bd. Herausforderung Inklusion – Theoriebildung und Praxis. Klinkhardt, Bad Heilbrunn, 2015.

[Bo17] Boger, Mai-Anh: Theorien der Inklusion – eine Übersicht. Zeitschrift für Inklusion 1 (April). 2017

[Gr18] Grummt, Marek: Der Begriff der Inklusion – Vision, Forderung, Trilemma. In (Grummt, Marek, Hrsg.): Sonderpädagogische Professionalität und Inklusion, Springer Fachmedien, Wiesbaden, S. 7–26 2019.

[TKB14] Textor, Annette, Harry Kullmann, und Birgit Lütje-Klose: Eine Inklusion unterstützende Didaktik – Rekonstruktionen aus der Perspektive inklusionserfahrener Lehrkräfte. *Jahrbuch für Allgemeine Didaktik* 2014: S. 69–91, 2014

Beispiele zur Binnendifferenzierung in heterogenen Lerngruppen durch Variation der Aufgabenstellung

Kerstin Strecker[1]

Abstract: In diesem Beitrag beschreiben wir anhand von Aufgabenbeispielen aus dem Informatikunterricht exemplarisch, wie Aspekte der Binnendifferenzierung umgesetzt werden können. Dabei konzentrieren wir uns darauf, Aufgabenstellungen und Variationen der Aufgabenstellungen aufzuzeigen, die versuchen, unterschiedliche Dimensionen der Heterogenität von Lerngruppen zu berücksichtigen, aber immer ein gemeinsames inhaltliches Lernziel fokussieren.

Keywords: Heterogene Lerngruppen, Binnendifferenzierung im Informatikunterricht, Variation von Aufgabenstellungen

1 Einleitung

„Differenzierung wird verstanden als Sammelbegriff für alle didaktischen, methodischen und organisatorischen Maßnahmen, die im Unterricht innerhalb einer Lerngruppe (insbesondere von der Lehrkraft) getroffen werden können, um der Unterschiedlichkeit der Lernenden – vor allem im Blick auf ihre optimale individuelle Förderung – gerecht zu werden" [LP19]. Müller nennt als Möglichkeiten eine innere Differenzierung bzgl. der Kompetenzen, der Lernhilfen, der Sozialform, der Methode, der Aufgaben, der Tätigkeiten und des Lernprodukts [Mü18]. Wir konzentrieren uns in diesem Artikel auf die Differenzierung bzgl. der Aufgaben. Bei einer Abwandlung einer bestehenden Aufgabe kann es leicht passieren, dass dabei auch bzgl. der vorrangig geförderten inhaltsbezogenen oder prozessbezogenen Kompetenzen differenziert wird. Dagegen steht aber oft ein klar definiertes inhaltliches Lernziel für die Unterrichtsstunde. Wollen wir einer Lerngruppe trotzdem mehrere Variationen einer Aufgabe anbieten, um die verschiedenen Dimensionen der Heterogenität zu berücksichtigen, müssen wir darauf achten, dass ein gemeinsames inhaltliches Fundament die Aufgaben verbindet und alle Schüler:innen das vorgegebene Lernziel erreichen können.

Schüler:innen einer Lerngruppe weisen Unterschiede im Leistungsvermögen, in den Interessen, dem Lerntempo, dem notwendigen Maß an Hilfestellungen und in den für sie jeweils geeigneten Zugangsweisen und Lernwegen auf (vgl. auch [Sc10]). Wir wollen für verschiedene Dimensionen der Heterogenität, jeweils ausgehend von einem fachlichen informatischen Inhalt, aufzeigen, wie eine innere Differenzierung durch Variationen der Aufgabenstellung möglich ist. Dabei beleuchten wir stichpunktartig und exemplarisch nur jeweils eine Möglichkeit einer Differenzierung nach unterschiedlichen

[1] Georg-August Universität Göttingen, Institut für Informatik, Forschungsgruppe Didaktik der Informatik, Goldschmidtstr. 7, 37077 Göttingen. Email: kerstin.strecker@informatik.uni-goettingen.de

Aspekten. Wir erheben keinerlei Anspruch auf Vollständigkeit. Ausführlichere allgemeine (nicht informatikspezifische) Praxisbeispiele finden sich beispielsweise in [Kr19], [Mü18] und [PL19]. Im Folgenden gehen wir auf Unterschiede im Lerntempo und dem notwendigen Maß an Hilfestellungen (Kapitel 2), auf Unterschiede im Leistungsvermögen (Kapitel 3), auf Unterschiede in den Interessen (Kapitel 4) und Unterschiede in den Zugangsweisen und Lernwegen (Kapitel 5) ein.

2 Differenzierung nach Lerntempo und Hilfestellung bei gleicher Aufgabenstellung für die gesamte Lerngruppe

In diesen Beispielen bekommen alle Schüler:innen dieselbe Aufgabe, was die Vorbereitung für die Lehrkraft entlasten kann. In den Kapiteln 3 bis 5 wird es immer auch unterschiedliche Arbeitsaufträge geben, bzw. Arbeitsaufträge, die individualisiert werden können. Bekommen alle Schüler:innen einer Lerngruppe dieselbe Aufgabe, kann dennoch nach Lerntempo und dem Maß an Hilfestellung differenziert werden.

2.1 Differenzierung nach Lerntempo

Unterschiedliches Lerntempo ist nicht gleichzusetzen mit unterschiedlichem Leistungsvermögen. Eine Möglichkeit, dem unterschiedlichen Lerntempo zu begegnen, sind Zusatzaufgaben. Eine andere Möglichkeit ist eine Zeitvorgabe für eine Aufgabe, die zu jedem Zeitpunkt abgebrochen werden kann, ohne dass inhaltliche Dinge fehlen. Inhaltliches Fundament für das folgende Beispiel ist die Binärcodierung (Digitalisierung) von Zeichen und Text mithilfe der ASCII-Codierung. Für die Bearbeitung der Aufgaben ist ein Ausschnitt einer ASCII-Tabelle mit Binärcodierung mit acht Bits gegeben. Die Aufgabenstellung könnte lauten:

> Aufgabe 1: Codiere „LISA" mithilfe der ASCII-Tabelle in Binärdarstellung
>
> Aufgabe 2: Decodiere „ 01010000 01000001 01010101 01001100" mithilfe der ASCII-Tabelle

Als Zusatzaufgabe könnten leicht weitere Codierungen und Decodierungen verlangt werden. Beim Lernenden könnte aber dabei das Gefühl entstehen, durch ein schnelles Lerntempo mit Mehrarbeit „bestraft" zu werden. Geeigneter erscheint uns eine Zusatzaufgabe wie folgt:

> Zusatzaufgabe: Begründe, warum bei der ASCII-Codierung immer führende Nullen mitgeschrieben werden.

Es ist darauf zu achten, dass in dem Ausschnitt der ASCII-Tabelle zwei Zeichen enthalten sind, die beim Weglassen führender Nullen dazu führen würden, dass eine

Decodierung nicht mehr eindeutig ist. Für das Lernziel der Codierung und Decodierung von Text in Binärdarstellung ist die Bearbeitung der Zusatzaufgabe nicht zwingend erforderlich. Ihre Lösung braucht aber Zeit, und die Präsentation der Lösung durch eine/n Schüler:in bietet allen Lernenden der Klasse einen Mehrwert, auch wenn die Lösung nicht selbst entdeckt wurde.

Eine andere Möglichkeit wäre, die Schüler:innen zu Paaren zusammenzusetzen, die ein etwa gleiches Lerntempo haben. Man könnte ein Memoryspiel basteln lassen mit Buchstaben auf roten und den zugehörigen ASCII-Codierungen auf blauen Karten. Zwei Karten bilden dann ein Paar, wenn Zeichen und ASCII-Codierung übereinstimmen. Es gibt eine Zeitvorgabe für das Spiel. Ist die Zeit um, wird das Spiel abgebrochen und der/die Schüler:in aus jedem Team mit den meisten Karten gewinnt. Alle Schüler:innen beschäftigen sich mit demselben Inhalt, schnellere Schüler:innen haben aber möglicherweise hier nicht das Gefühl von Mehrarbeit.

2.2   Differenzierte Hilfestellung

Hilfestellungen können zur Leistungsdifferenzierung eingesetzt werden, oder wenn die Aufgabenstellung sehr abstrakt ist und die Schüler:innen allein keinen Zugang dazu finden. Dann motivieren Hilfestellungen die/den Schüler:in vielleicht dazu, nicht aufzugeben. Unsere Idee sind durchnummerierte Hilfekarten, die der Reihenfolge nach am Lehrertisch eingesehen werden können. Das Lernziel und fachliche Basis ist hier die Farbmischung im RGB-Modell, die Digitalisierung von Farben. *(Durch den Abdruck in Graustufen, haben wir die eigentlichen Farben in den folgenden Abbildungen durch Buchstaben dargestellt (r=Rot, c=Cyan, w=Weiß, s=Schwarz, b=Blau, y=Gelb, m=Magenta, g=Grün). Dadurch erscheint die Aufgabe möglicherweise schwieriger als bei farbigen Abbildungen.)*

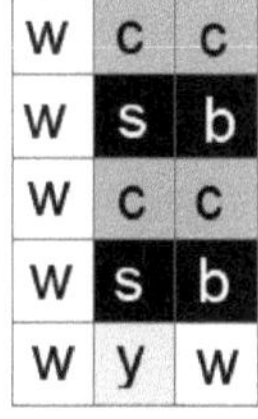

Abbildung 1

Aufgabe: In den Pixeln in der Abbildung versteckt sich ein Name. Den ersten Buchstaben erkennst du, wenn du dir vorstellst, dass bei einem Monitor nur die roten LEDs funktionieren und die grünen und blauen LEDs kaputt sind. Dann würde das gelbe Pixel auch rot erscheinen, weil Gelb aus Rot und Grün gemischt wird. Den zweiten Buchstaben entdeckst du, wenn du dir vorstellst, dass nur die grünen LEDs funktionieren und die roten und blauen kaputt sind. Den dritten Buchstaben entdeckst du, wenn du dir vorstellst, dass nur die blauen LEDs funktionieren.

Hier ist es sehr gut möglich, dass die Aufgabenstellung nicht gelöst werden kann, weil die Kenntnis der Farbmischungen im RGB-Modell nicht mehr präsent ist. Deshalb enthält die erste Hilfekarte die im Unterricht verwendete Darstellung des RGB-Modells (Abbildung 2 links). Reicht dies nicht aus, kann es sein, dass unklar ist, wie genau man sich einer Lösung nähern kann. Auf der zweiten Hilfekarten steht also der Satz: Die

Farben Weiß, Gelb, Rot und Magenta haben alle einen roten Lichtanteil. Pixel dieser Farben leuchten also rot, wenn nur die rote LED funktioniert und die blauen und grünen nicht. Eine dritte Hilfekarte wird notwendig, wenn es schwerfällt, sich die Lösung abstrakt vorzustellen. Auf der dritten Hilfekarte ist die Lösung für den ersten Buchstaben gegeben (Abbildung 2 rechts) und die Aufforderung für den zweiten und dritten Buchstaben ebenfalls eine Zeichnung wie auf der Hilfekarte anzufertigen.

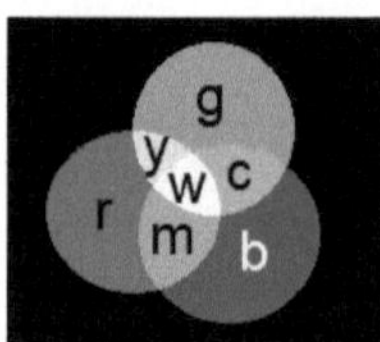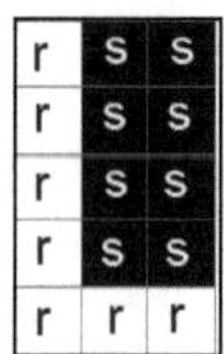

Abbildung 2 : Hilfe 1: RGB-Modell und Hilfe 3: decodierter erster Buchstabe

3 Leistungsdifferenzierung

Auf die Unterschiede im Leistungsvermögen gehen wir auf zwei verschiedene Arten ein. Einerseits zeigen wir in 3.2 anhand offener Aufgaben, wie Schüler:innen selbst eine Aufgabenstellung ihrem Leistungsvermögen entsprechend individualisieren können. Andererseits zeigen wir in 3.1, wie durch eine Variation der Aufgabenstellung „gelenkte Differenzierung" (vgl. [Kr19]) durch die Lehrkraft ermöglicht wird.

3.1 Gelenkte Differenzierung

Die Schüler:innen erhalten individuelle Arbeitsaufträge, die ihrem Leistungsstand im besten Fall optimal entsprechen und die Schüler:innen optimal fordern und fördern. Allerdings setzt dies eine genaue Diagnose des Lernstands durch die Lehrkraft voraus, und die Lehrkraft muss aufpassen, dass Schüler:innen sich nicht in eine „Schublade" gesteckt fühlen. Das Lernziel unseres Beispiels ist, logische Ausdrücke in Bedingungen miteinander zu verknüpfen. Als Lernumgebung wählen wir ein (den Schüler:innen bekanntes) schultypisches Sensor-Aktor-System und den Kontext Smart-Home. Zunächst eine Aufgabenstellung für leistungsschwächere Schüler:innen:

Aufgabe 1: Wähle einen Sensor und einen Aktor und implementiere einen Algorithmus für deine Smart-Home-Steuerung. Beispiel: wenn es dunkel ist (Lichtsensorwert < …), geht das Licht an, sonst ist es aus.

Aufgabe 2: Kombiniere jetzt die Eingabewerte zweier oder mehrerer Sensoren in deinem Algorithmus. Beispiel: wenn es dunkel ist und jemand im Haus ist (Wert des Entfernungssensors < …), geht das Licht an, sonst ist es aus.

Der Vorteil dieser Aufgabe ist, dass durch die gegebenen Sensoren und Aktoren und die Formulierung eines Algorithmus in der Aufgabenstellung die Schüler:innen wahrscheinlich nur auf umsetzbare Ideen kommen, mit denen sie erfolgreich sind. Da die Aufgabe offen gestellt ist und sie frei in der Wahl der Sensoren, Aktoren und des Anwendungsfalls sind, können auch sie am Ende stolz ihre Produkte präsentieren, weil sie Ideen umgesetzt haben können, die sonst niemand hatte. Leistungsstärkere Schüler:innen erhalten folgende Aufgabe:

> Aufgabe 1: Wähle einen Sensor und einen Aktor und implementiere einen Algorithmus für deine Smart-Home-Steuerung. Beispiel: wenn es dunkel ist, geht das Licht an, sonst ist es aus. Mittels „Taste" muss das System zur Hausautomatisierung grundsätzlich an- oder ausgeschaltet werden können.
>
> Aufgabe 2: Kombiniere jetzt die Eingabewerte mehrerer Sensoren in deinem Algorithmus. Beispiel: wenn es dunkel ist und jemand im Haus ist, geht das Licht an, wenn die Person nicht im Bett liegt, sonst ist es aus. Beachte, dass auch hier das System grundsätzlich per „Taste" ein- und ausschaltbar sein muss.

Der Unterschied zur Aufgabe für leistungsschwächere Schüler:innen liegt darin, dass man hier zwei Zustände benötigt, was im ersten Aufgabenblock nicht der Fall war. Dadurch muss auf eine möglicherweise bekannte, aber nicht aktuell besprochene Strategie zurückgegriffen werden. Möglicherweise muss hier die Strategie einer „flag" auch erst selbstständig gefunden werden. In jedem Fall sind Variablen notwendig, was im ersten Aufgabenblock nicht der Fall war. Dadurch werden auch die Bedingungen komplexer. Trotzdem greifen die leistungsstärkeren Schüler:innen nicht im Stoff voraus, da die Automatisierung des Smart-Homes für alle Schüler:innen und die Verknüpfung von Bedingungen für die Lehrkraft fokussiertes Lernziel bleibt.

3.2 Differenzierung durch offene, im Anspruch individualisierbare Aufgaben

Waren die unter 3.1. beschriebenen Aufgaben auch zu einem gewissen Teil offen, meinen wir hier, dass Schüler:innen sich selbst für das Maß fachlicher Komplexität und damit ein fachliches Leistungsniveau entscheiden. Offene Aufgaben sind nicht nur informatiktypisch, weil in der Informatik oft mit unscharfen Vorgaben gearbeitet wird. Offene Aufgaben ermöglichen eine Differenzierung durch die Schüler:innen selbst, weil die Schüler:innen die Aufgabe individualisieren können, aus der gegebenen Aufgabe ihre eigene Aufgabe machen und sie entsprechend ihres Leistungsniveaus lösen können. Damit sich die Schüler:innen dabei nicht unter- oder überfordern, muss die Selbsteinschätzungskompetenz der Schüler:innen entsprechend trainiert sein. Individualisiert der/die Schüler:in die Aufgabe entsprechend seinem/ihrem Leistungsvermögen ist der/die Schüler:in wahrscheinlich erfolgreich, was zu positiven Selbstwirksamkeitserfahrungen führt, und er/sie übernimmt außerdem Verantwortung für seinen/ihren eigenen Lernprozess.

Das fachliche Ziel in unserem Beispiel ist: die Schüler:innen „entwerfen ein Protokoll zur Übertragung von Daten über einen Kommunikationskanal" [KC14]. Die Schüler:innen arbeiten zu zweit. Als Lernumgebung dienen jedem Team zwei Rechner und zwei schultypische Sensor-Aktor-Systeme. An einem Rechner (Sender) ist eine LED angeschlossen, die mit Befehlen der Programmiersprache an- und ausgeschaltet werden kann. An dem anderen Rechner (Empfänger) ist ein Lichtsensor angeschlossen, dessen Werte mit Befehlen der Programmierumgebung ausgelesen werden können. Die LED ist auf einer Seite einer Pappröhre angebaut, der Lichtsensor auf der anderen Seite. Nun sollen Daten vom Sender zum Empfänger nur über diesen Kommunikationskanal (Pappröhre) übertragen werden.

Erfahrungen im Unterricht zeigen folgende Lösungen: Eine einfache Lösung ist, dass der Bediener am sendenden Rechner auf ein Ereignis wie z.B. Tastendruck die LED an- und ausschalten kann. Am empfangenden Rechner wird angezeigt, wenn Hell oder Dunkel erkannt wurde. Es wird eine Codierung, z.B. Morsecode, überlegt und händisch auf der einen Seite eingegeben und auf der anderen Seite vom Bediener decodiert.

Komplexere Lösungen enthalten eine Codierung, die implementiert wird, so dass der Bediener am sendenden Rechner einen Text eingeben kann und dieser codiert über die „Papp"faserröhre übertragen wird. Ein Programm auf dem „Empfänger" decodiert die binären Signale und zeigt den Text auf dem Bildschirm an. Eine beliebte Codierung bei den Schüler:innen ist, den einzelnen Buchstaben Zahlen zuzuordnen. Die Zahl gibt dann die Zeit an, die die LED bei diesem Buchstaben leuchtet. Das Programm auf der Empfängerseite stoppt die Länge der Lichtdauer und decodiert den Buchstaben. Viele andere Strategien und Lösungen zur Problemstellung sind möglich.

Alle Schüler:innen sind erfolgreich, da es keine Vorgaben zum Protokoll gibt. Auch haben alle Schüler:innen Erfahrungen gesammelt, die systematisiert eine Liste an Punkten ergeben, die in einem Protokoll geregelt werden müssten (Startsignal, Endesignal, Codierung, eventuell Adresse, Vorhandensein eines Kommunikationskanals, …). Dennoch wird die Aufgabe von den Schüler:innen entsprechend ihres Leistungsvermögens gelöst, sie differenzieren die Aufgabenstellung selbst, ohne Zuweisung durch die Lehrkraft.

4   Differenzierung nach Interesse durch Wahl des Kontextes

Der fachliche Inhalt in diesem Beispiel ist das Arbeiten mit geschachtelten Schleifen. Dabei geht es hier darum, eine Vorstellung zu entwickeln, wie z.B. die „Bühne" (in der graphischen Programmiersprache Scratch) mit zwei geschachtelten Schleifen von Objekten durchlaufen und an bestimmten Positionen Aktionen angestoßen werden können. Dies soll vorbereitend dazu dienen, später ähnliche Strategien beim Umgang mit zweidimensionalen Reihungen (arrays) entwickeln oder anwenden zu können. Der Aspekt der Heterogenität der Lerngruppe, den wir hier betrachten wollen, besteht in unterschiedlichen Interessen der einzelnen Schüler:innen. Kontextbezogene Aufgaben sind informatiktypisch, weil die Informatik mithilfe ihrer Konzepte, Ideen und Strategien Probleme löst, die in anderen Bereichen auftreten. Dahinter steht der Gedanke der Zweck- und Produktorientierung der Fachwissenschaft Informatik. Für die Schule haben kontextbezogene Aufgaben den Vorteil, über den Anwendungskontext, der den Interessen der Schüler:innen entsprechen kann, für informatisches Problemlösen zu motivieren und zu begeistern. Wir kleiden also im Folgenden ein- und dieselbe fachliche Anforderung in ganz unterschiedliche Kontexte.

Aufgabe: Das gegebene Programmgerüst ermöglicht dir, mit verschiedenen Farben mit der Maus auf der „Bühne" zu malen. Schreibe ein Programm, das das gegebene Scan-Objekt von links oben nach rechts unten systematisch über die Bühne laufen lässt und dabei die Farben in Töne, Rhythmen und Geräusche übersetzt. Male ein möglichst „gutklingendes" Bild.

Aufgabe: Das gegebene Programmgerüst enthält auf der „Bühne" die Darstellung eines landwirtschaftlichen Flurstücks. Hellere Grüntöne zeigen gegenüber den dunkleren Grüntönen eine Mangelversorgung der Pflanzen in bestimmten Bereichen an. Schreibe ein Programm, das das systematische Abfahren des Flurstücks simuliert. Im Rahmen einer bedarfsgerechten Düngung sollen nur mangelversorgte Pflanzen gedüngt werden. Düngen kannst du durch das Übermalen mangelversorgter Bereiche simulieren.

Aufgabe: Sehtafeln enthalten manchmal unterschiedliche Ziffern, die mit den Zeilen kleiner werden. Mit Hilfe von Sehtafeln kann ein Augenarzt die Sehstärke überprüfen. Im Programmgerüst findest du ein Objekt, dessen Kostüme den Ziffern 0 bis 9 entsprechen. Lass das Objekt von links oben nach rechts unten über die „Bühne" laufen und in bestimmten Abständen in einem zufälligen Kostüm einen Abdruck hinterlassen (Befehl: „hinterlasse Abdruck"), um eine Sehtafel zu erzeugen. Achte darauf, dass das Objekt mit den Zeilen kleiner wird.

Aufgabe: Das gegebene Programmgerüst enthält auf der „Bühne" ein Bild aus einigen großen Pixeln in den Farben Rot, Gelb und Blau und ein Objekt in der Größe und Form eines Pixels. Lass das gegebene Objekt von links oben nach rechts unten systematisch durch das Bild laufen und ändere dabei die Farben im Bild. Schreibe dazu einen Algorithmus, so dass das Objekt abhängig von einer Farbe auf der Bühne das Kostüm wechselt und einen Abdruck hinterlässt (Befehl: „hinterlasse Abdruck").

Die Lösungsalgorithmen der Schüler:innen sehen trotz unterschiedlicher Kontexte später in allen Aufgabenstellungen ähnlich aus. Grenzen (hier x- und y-Werte) müssen gefunden werden, für die Steuerung des Objekts zwei Schleifen geschachtelt und jeweils die x- und y-Positionen geeignet gesetzt, bzw. verändert werden. Beim Ablaufen der

Bühne gibt es bedingte Anweisungen für das Objekt. (Hinweis: Achten Sie auf einen flackerfreien Programmablauf. Das Objekt muss ausreichend groß sein und ausreichend große Schritte in x- und y-Richtung machen und bei jedem Schritt den „warte"-Block verwenden.)

5 Differenzierung durch verschiedene Zugangsweisen

Bruner [Br88] hat die drei Repräsentationsebenen enaktiv, ikonisch und symbolisch eines Sachverhalts definiert, in denen wir eine Möglichkeit für verschiedene Zugänge sehen. Hartmann et al. unterstreichen die Relevanz verschiedener Repräsentationsebenen im Informatikunterricht [HNR07]. Die enaktive Repräsentation meint das „Erfassen von Sachverhalten durch eigenes Tun" [HNR07], die ikonische Repräsentation die Darstellung von Sachverhalten durch Bilder oder Visualisierungen und die symbolische Repräsentationsebene das „Erfassen von Sachverhalten durch Symbole (Text, Zeichen, etc.)" [HNR07]. Bereiten wir einen Sachverhalt didaktisch so auf, dass wir unterschiedliche Repräsentationsebenen in den Mittelpunkt stellen, schaffen wir unterschiedliche Zugänge zu ein- und demselben Inhalt. Das fachliche Fundament in diesem Beispiel ist die Erarbeitung der Funktionsweise eines Perzeptrons. Dabei sollte den Schüler:innen bereits bekannt sein, wie Gewichte, Schwellenwert und die Vorgabe zur Berechnung der Ausgabe die Funktionsweise des Perzeptrons bestimmen. Von der Lehrkraft ist zur Berechnung der Ausgabe folgender Algorithmus vorgestellt worden: Eingabewerte werden zunächst mit ihren zugehörigen Gewichten multipliziert. Diese Produkte werden aufsummiert. Ist die Summe größer oder gleich einem Schwellenwert, dann „feuert" das Neuron. Ist die gewichtete Summe kleiner als der Schwellenwert, dann „feuert" das Neuron nicht. Auch die graphische Visualisierung ist bekannt. Jetzt sollen die Schüler:innen das Gesagte an einem Kontext üben und geeignete Gewichte für eine konkrete Aufgabenstellung finden. Die Problemstellung für alle Schüler:innen lautet:

> Eine Bewässerungsanlage soll automatisch Pflanzen bewässern, wenn die Trockenheit im Boden sehr groß ist, es aber gleichzeitig sehr unwahrscheinlich ist, dass es regnen wird. Ist die Regenwahrscheinlichkeit hoch, soll auch bei trockenem Boden nicht gewässert werden, um Wasser zu sparen. Auch bei geringer Bodentrockenheit soll nicht bewässert werden.

Für den virtuell-enaktiven Zugang gibt es folgende Aufgabenstellung:

> In dem gegebenen Programm kannst du die Bodentrockenheit von 0 (nass) bis 100 (sehr trocken) einstellen, sowie die Regenwahrscheinlichkeit von 0 (kein Regen) bis 100 (Regen). Verändere die Gewichte und Eingabewerte und beobachte, nach Anklicken des Neurons, was passiert. Experimentiere mit den Gewichten, bis du geeignete Einstellungen für die oben beschriebene Problemstellung gefunden hast.

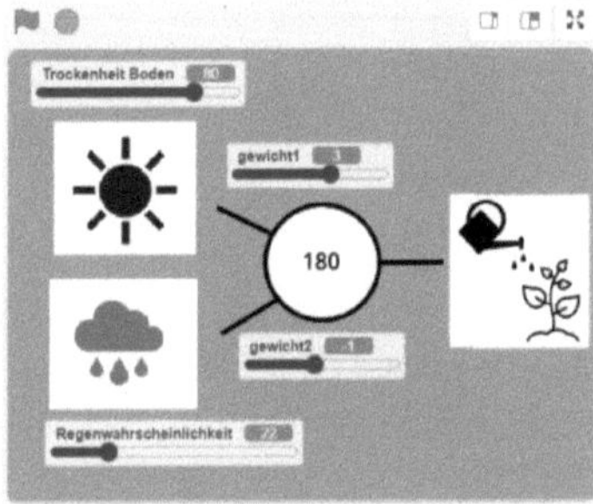

Abbildung 3: Scratch-Projekt für den virtuell-enaktiven Zugang

Für einen ikonischen Zugang gibt es folgende Aufgabenstellung:

Die Bodentrockenheit kann von 0 (nass) bis 100 (sehr trocken) variieren, die Regenwahrscheinlichkeit von 0 (kein Regen) bis 100 (Regen). Gegeben sind Illustrationen von vier möglichen Situationen. Finde für die beiden Fragezeichen zwei Gewichte, die für alle vier Illustrationen gleich und richtig sind. Wenn das Neuron „feuert", dann wird bewässert, wenn das Neuron nicht „feuert", wird nicht bewässert.

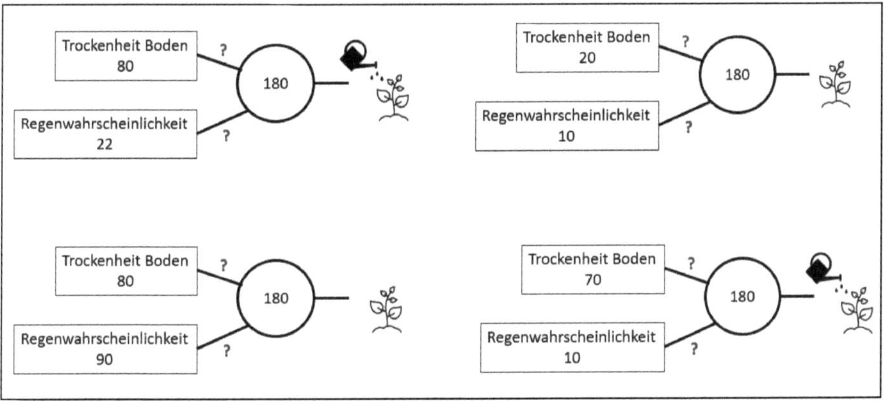

Abbildung 4 : Visualisierungen für den ikonischen Zugang

Die Aufgabenstellung ist prinzipiell in allen drei Varianten gleich. Auch die Ergebnisse sind zwar nicht zwingend einheitlich, weil es mehrere Lösungen gibt, aber unabhängig vom Zugang. Wahrscheinlich wird Gewicht1=3 und Gewicht2=-1 gewählt. Es unterschiedet sich hier nur der Weg, wie die Schüler:innen zu einem Ergebnis kommen.

Für den symbolischen Zugang gibt es folgende Aufgabenstellung:

Für die Ausgabe eines Perzeptrons gilt:

$$Ausgabe = \begin{cases} 1, falls\ eingabe1 * gewicht1 + eingabe2 * gewicht2 \geq Schwellenwert \\ 0, \hspace{6cm} sonst \end{cases}$$

Für die obige Problemstellung entspricht eingabe1 der Trockenheit im Boden von 0 (nass) bis 100 (sehr trocken) und eingabe2 der Regenwahrscheinlichkeit von 0 (kein Regen) bis 100 (Regen). Der Schwellenwert soll bei 180 liegen. Begründe möglichst genau, wie die beiden Gewichte bei der oben genannten Problemstellung gewählt werden könnten. Dabei bedeutet Ausgabe=1 bewässern und Ausgabe=0 nicht bewässern.

6 Fazit

Schüler:innen weisen Unterschiede im Leistungsvermögen, in den Interessen, dem Lerntempo, dem notwendigen Maß an Hilfestellungen und in den für sie jeweils geeigneten Zugangsweisen und Lernwegen auf. Das erfordert binnendifferenzierten Unterricht, um allen Schüler:innen gerecht zu werden. In diesem Artikel haben wir einen sehr kleinen Ausschnitt des Themas „Differenzierung im Unterricht" betrachtet, nämlich an einigen Beispielen aus dem Informatikunterricht gezeigt, wie eine einfache Abwandlung einer Aufgabenstellung die unterschiedlichen Dimensionen der Heterogenität berücksichtigen kann. Dabei haben wir darauf geachtet, dass es weiterhin ein gemeinsames inhaltliches Lernziel gibt, das möglichst von allen Schüler:innen der Lerngruppe erreicht werden kann.

Literatur

[Br88]   Bruner, J. (1988). Studien zur kognitiven Entwicklung. Stuttgart: Klett Cotta.

[HNR07]   Hartmann, W., Näf, M., Reichert, R. (2007). Informatikunterricht planen und durchführen. Springer-Verlag

[KC14]   Niedersächsisches Kerncurriculum für die Schulformen des Sekundarbereichs I. Schuljahrgänge 5-10. Informatik. (2014) Niedersächsisches Kultusministerium.

[Kr19]   Kress, K. (2019). Binnendifferenzierung in der Sekundarstufe – Das Praxisbuch. Auer-Verlag.

[LP19]   Paradies, L., Linser, H. J. (2019). Differenzieren im Unterricht. Cornelsen Verlag.

[Mü18]   Müller, F. (2018). Praxisbuch Differenzierung und Heterogenität. Methoden und Materialien für den gemeinsamen Unterricht. Beltz Verlag.

[Sc10]   Scholz, I. (2010). Pädagogische Differenzierung. Vandenhoeck & Ruprecht.

Leichte Aufgaben in Programmierkursen

Michael Weigend [1]

Abstract: Aufgaben sind ein wichtiges Element des Unterrichts. Sie sind (immer) Herausforderungen, die Lernprozesse initiieren, und sie dienen (gelegentlich) als Diagnoseinstrument. Neben dem Themenbezug einer Aufgabe ist ihr Schwierigkeitsgrad von Bedeutung. Ein inklusiver Programmierkurs, der sich an Publikum mit breitem Leistungsspektrum wendet, benötigt zu jedem Thema ein ausreichendes Reservoir an leichten Aufgaben, die einerseits jeder Teilnehmer und jede Teilnehmerin lösen kann, die andererseits aber für viele eine völlige Unterforderung darstellen. Dieser Beitrag entwickelt zunächst eine Kategorisierung leichter Aufgaben mit Beispielen und präsentiert dann die Ergebnisse einer Befragung in einem universitären Programmierkurs zu den Erfahrungen mit leichten Aufgaben. Zum Schluss geht es um praktische Fragen der Konstruktion leichter Aufgaben auch zu schwierigen Themen.

Keywords: Programmieraufgabe, Programmieren, Inklusion, Schwierigkeitsgrad.

1 Einleitung

Aufgaben sind Herausforderungen, die aktives Lernen initiieren. Zusätzlich können sie als Diagnoseinstrument dienen, sofern die Ergebnisse der Lehrkraft sichtbar sind (was bei digitalen Lernsystemen der Fall ist). Selbst wenn die Kursteilnehmer im Einzelnen ihre Lösungen geheim halten, bietet die Besprechung von Aufgaben eine Gelegenheit, Verständnisprobleme zu klären. Dieser Beitrag bezieht sich auf Übungsaufgaben, die durch folgende Merkmale gekennzeichnet sind:

Aufgaben sind Herausforderungen, die aktives Lernen initiieren. Zusätzlich können sie als Diagnoseinstrument dienen, sofern die Ergebnisse der Lehrkraft sichtbar sind (was bei digitalen Lernsystemen der Fall ist). Selbst wenn die Kursteilnehmer im Einzelnen ihre Lösungen geheim halten, bietet de Besprechung von Aufgaben eine Gelegenheit, Verständnisprobleme zu klären. Dieser Beitrag bezieht sich auf Übungsaufgaben, die durch folgende Merkmale gekennzeichnet sind:

- Konstruktivität. Es handelt sich ausschließlich um Programmieraufgaben, bei denen das Aufschreiben von formalem Programmtext – und wenn es auch nur ein paar Zeichen sind – gefordert ist.

- Inhaltsbezug. Die Aufgaben stehen in einem engen Bezug zu einem begrenzten Inhaltsbereich, der in einem Lernmaterial mit Programmbeispielen, Abbildungen und

---

[1] Institut für Didaktik der Mathematik und der Informatik Fachbereich Mathematik und Informatik der Universität Münster Corrensstraße 80, 48149, michael.weigend@uni-muenster.de

Übersichten dargeboten wird. Häufig gehört zur Aufgabe ein „Starterprojekt". Das ist ein kurzer Programmtext, der ausprobiert und verändert werden soll.

- Freiwilligkeit. Die Aufgaben sind nicht Teil einer Prüfung, sondern werden in Übungsphasen gelöst. In jeder Übungsphase gibt es ein Angebot von Aufgaben unterschiedlichen Schwierigkeitsgrads. Die Kursteilnehmer wählen selbst, welche Aufgaben sie lösen wollen, in welcher Reihenfolge sie sie lösen, in welcher sozialen Konstellation (allein oder zu zweit) sie sie lösen und welches Material sie zu Lösung verwenden.

Programmieraufgaben sind sicherlich typisch für Informatikunterricht, der im Computerlabor stattfindet, und haben viele Vorteile, die hier nicht diskutiert werden können. Mit Blick auf den Schwierigkeitsgrad sind zwei Punkte von Bedeutung:

- Die Lernenden können den Erfolg selbst überprüfen. Sie haben die Aufgabe richtig gelöst, wenn das Programm funktioniert und das leistet, was es leisten soll. Die IDE bietet sowohl die Bewertung und unmittelbares Feedback, zwei wichtige Features moderner digitaler Lernumgebungen wie VILLE [LKR18].

- Sie können das Ziel selbstständig erweitern oder Abstriche machen und damit den Schwierigkeitsgrad der Aufgabe ändern.

Programmieraufgaben – auch wenn sie ganz leicht sind – stellen Herausforderungen dar und beinhalten die Möglichkeit des Scheiterns. Je höher der Schwierigkeitsgrad, desto höher die Wahrscheinlichkeit des Scheiterns. In einem inklusivem Informatikunterricht sind leichte Programmieraufgaben, die jedes Kursmitglied bewältigen kann, von besonderer Bedeutung.

2 Die Schwierigkeit einer Programmieraufgabe

Die Abschätzung der Schwierigkeit von Programmieraufgaben ist für den Lehrbetrieb im Klassenraum, für das Design von Lehrbüchern und für Online-Lehrsysteme wichtig. In der Software-Industrie verwendet man automatisierte Schwierigkeitsmessungen für die Zuteilung von Programmieraufgaben in großen Teams.

2.1 Erfolg und Zeitbedarf

Effenberger et al. untersuchten mehrere Online-Kurse zur Programmierung mit mehreren Tausend Teilnehmerinnen und Teilnehmern und versuchten, den Schwierigkeitsgrad der Aufgaben über die Fehlerquote und den Zeitbedarf für eine richtige Lösung zu messen [ECP19]. Dabei stießen auf das Problem, dass schwierige oder arbeitsaufwändig erscheinende Aufgaben überhaupt nicht bearbeitet wurden, so dass man gar nicht sagen konnte, wie viele Kursteilnehmer sie hätten schaffen können, wenn sie es versucht hätten. Ein weiteres Problem: Offene und kreative Aufgaben können so formuliert werden, dass sie praktisch immer erfolgreich gelöst werden können. Generell dürften also Erfolgsmessungen nur bei Aufgaben in Prüfungssituationen oder Wettbewerben valide Ergebnisse liefern. Allerdings können die Kriterien Erfolg und Zeitbedarf zur subjektiven Identifikation einer leichten Aufgabe verwendet werden: Wenn ich eine Aufgabe lese und sofort merke, dass ich sie mit wenig Aufwand lösen kann, weiß ich, dass sie (für mich) leicht ist. Wenn mir dagegen nicht sofort ein Lösungsansatz einfällt, weiß ich noch nicht, ob ich die Aufgabe schaffen würde, wenn ich etwas länger darüber nachdenken würde.

2.2　Strukturelle Merkmale der Aufgabe

Der Schwierigkeitsgrad einer Programmieraufgabe kann über objektive Merkmale des erwarteten Programmtextes abgeschätzt werden. Sheard et al. verwenden für ihre Analyse von Examensaufgaben zur Programmierung Kriterien, die sich auf vier Aspekte beziehen [Sh13]:

- Formulierung der Aufgabe (z.B. linguistische Komplexität und Explizitheit),

- konzeptuelle Komplexität (Anzahl und Schwierigkeit der Konzepte, die bei der Formulierung des Programmtextes verwendet werden),

- Codelänge (Anzahl der zu schreibenden Programmzeilen),

- Intellektuelle Komplexität entsprechend der Bloomschen Taxonomie.

2.3　Bloomsche Taxonomie von Lernzielen

Die 1956 von Benjamin Bloom veröffentlichte Taxonomie ist eine verhaltensorientierte Klassifikation von Lernzielen. Für das kognitive Lernen spezifiziert sie – vom Einfachen zum Komplexen – sechs Kategorien: Wissen, Verstehen, Anwendung, Analyse, Synthese und Evaluation [Bl56]. Die Taxonomie (bzw. revidierte Versionen) wird an Schulen und Universitäten für die Entwicklung von Curricula und Aufgaben verwendet. Gluga et al. haben sie als Grundlage für eine Klassifizierung von Programmieraufgaben verwendet [Gl12]. Für jede Kategorie geben sie Beispielaufgaben und Stichwörter an, die typischerweise in einer Aufgabenformulierung vorkommen. Für die Unterscheidung von Schwierigkeitsgraden ist die Bloomsche Taxonomie allerdings aus zwei Gründen nicht sehr gut geeignet:

Erstens werden bei einem Programmierprojekt immer alle sechs Kategorien angesprochen. Das Programmieren selbst ist ein kreativer, synthetischer Prozess. Wer auf Korrektheit, Effizienz und guten Stil achtet, muss den eigenen Programmtext evaluieren und in einem Refactoring verbessern. Bei der Fehlersuche (die einen großen Teil der Entwicklung ausmacht) wird der Programmtext mehrfach gründlich analysiert.

Zweitens können Aufgaben so gestellt werden, dass sie formal eine der sechs Bloomschen Kategorien bedient, die Hauptleistung bei der Lösung jedoch einer anderen Kategorie zuzuordnen ist. Beispiel:

Das folgende interaktive Programm berechnet aus der Fallzeit eines Steins die Tiefe eines Brunnens.

```python
t = float(input('Fallzeit: '))
s = 1/2 * 9.81 * t**2
print('Der Brunnen ist ')
print(s)
print('Meter tief.')
```

Beispieldialog:

```
Fallzeit: 2.2
Der Brunnen ist
23.740200000000005
Meter tief.
```

Aufgabe: Beurteilen Sie den vom Programm erzeugten Ausgabetext. Verbessern Sie das Programm.

Hier ist eine Evaluation des gegebenen Programms gefordert (eine strukturell vergleichbare Aufgabe findet man bei [Gl12] als Beispiel einer Evaluationsaufgabe). Tatsächlich ist die Schwäche des gegebenen Programms leicht zu erkennen (Ausgabe auf mehrere Zeilen verteilt, Zahl mit unnötig vielen Nachkommastellen). Die Hauptschwierigkeit liegt im Programmieren. Die Evaluation ist hier eigentlich nur ein Trick, um die Lernenden zum Üben bestimmter Programmiertechniken zu motivieren (print()-Anweisung, Stringformatierung und Rundung).

3 Leichte Aufgaben in Programmierkursen

Woran erkennt man eine leichte Programmieraufgabe? In diesem Abschnitt werden einige Kriterien zur Definition des Schwierigkeitsgrads einer Programmieraufgabe präsentiert, mit Betonung des unteren Endes der Skala. Gegenüber den bisher diskutierten Ansätzen aus der Literatur soll nicht allein die Aufgabenstellung, sondern die gesamte Lernsituation, in die sie eingebettet ist, einbezogen werden.

3.1   Größe des Problemraums

Programmieren ist ein Problemlösungsprozess. Eine Reihe von Theorien zum Problemlösen verwenden den Begriff Problemraum, der in den 1970er-Jahren von Newell und Simon eingeführt worden ist [An93], [NS72]. In diesem Modell wird beim Problemlösen das Problem mit Hilfe von Operatoren von einem Anfangszustand in einen Zielzustand gebracht. Die Problemlösungsaktivität besteht in der Suche nach geeigneten Operatoren. Im Falle von Programmieraufgaben geht es häufig (aber nicht ausschließlich) um die Suche nach Code-Elementen, die für das gesuchte Programm verwendet werden. Nun steht jede Lernaufgabe in einem Problemraum. Sie bezieht sich auf Lernmaterial, das begleitend angeboten wird. Das kann ein Vortrag mit Folien sein, ein Abschnitt in einem Buch, ein Erklärvideo, ein Starterprojekt, das verändert werden soll, spezifische Erklärungen und Tipps zur Aufgabe oder natürlich eine Kombination aus allem. Dieser Kontext zusammen mit der Aufgabe definiert einen Problemraum, in dem die Lösung zu finden ist. Je kleiner der Problemraum, desto leichter die Aufgabe.

Fazit: Eine leichte Aufgabe hat einen kleinen Problemraum. Es gibt nur wenige Code-Elemente, die für eine Lösung in Frage kommen.

3.2   Tiefe – Abstand zur Lösung

Nach Newel und Simon findet beim Problemlösen eine Zweck-Mittel-Analyse statt (means-ends analysis). Man sucht nach Mitteln, das Ziel zu erreichen. Eine einfache Strategie ist *Hill Climbing*. Man wählt das Mittel, das einen dem Ziel ein Stück näherbringt. Diese Vorgehensweise spielt beim Programmieren an mehreren Stellen eine Rolle:

- Beim Debuggen eines noch fehlerhaften Programms beseitigt man einen Fehler nach dem anderen und kommt so dem Ziel näher.

- Beim agilen Programmieren in Entwicklungszyklen (Iterationen) werden nach und nach Stories implementiert.

- Wer das Programmieren gerade erlernt, wird ein Programm vielleicht Anweisung für Anweisung inkremental entwickeln. Die nächste Anweisung wird erst geschrieben, wenn das Programm fehlerfrei läuft.

Zu beachten ist, dass bei der Lösung einer einfachen Programmieraufgabe ein Programm niemals „from scratch" entwickelt wird. Man hat im Lernmaterial immer Beispielprogramme, an die man anknüpft und die man nur ein wenig verändert, um zu einer Lösung zu kommen. Bei vielen Aufgaben wird sogar explizit ein Starterprojekt vorgegeben und in der Aufgabe spezifiziert, in welcher Weise es geändert oder erweitert werden muss.

In Anlehnung an die Metapher des Hill Climbing kann man die Mindestzahl der Entwicklungsschritte auf dem Weg vom Starterprojekt (oder einem bekannten Beispiel) zur Lösung als *Tiefe* der Aufgabe bezeichnen (die Problemlösung wird als Überwindung eines Höhenunterschiedes gesehen). Dabei muss die Lösung nicht das fertige Programm sein, sondern ein Punkt, von dem ab die Fertigstellung bloße Routine ist. In der Praxis enthalten Programme auch Passagen, bei denen man vorhandene Lösungen wiederverwenden kann.

Die Tiefe der Aufgabe kann durch die Formulierung des Ziels der Aufgabe und die Vorgabe eines Starterprojekts, das nur noch etwas verändert werden muss, eingestellt werden. Entwicklungsschritte („Mittel" im Sinne einer Zweck-Mittel-Analyse) betreffen nicht allein das Auswählen eines geeigneten Programmelementes (Programmieren im engeren Sinne), sondern können auch Schlussfolgerungen sein, die dem Programmieren vorgelagert sind, z.B.

- Dekomposition: Eine komplexe Aufgabe wird in einfachere Teilaufgaben zerlegt, die unabhängig gelöst werden können. Für jede Teilaufgabe kann z.B. eine Funktion definiert werden, die im Hauptprogramm aufgerufen wird.

- Interpretation des Ziels: Das Ziel muss so interpretiert werden, dass es durch Programmieren erreicht werden kann. Das kann eine Kette von Schlussfolgerungen beinhalten.

Bei einfachen Aufgaben, die im Extremfall nur eine einzige Anweisung betreffen, spielt vor allem die Interpretation des Ziels eine Rolle. Das sei an einem Beispiel erläutert. Starterprojekt:

```python
from random import choice
from tkinter import Tk, Label, Button


def neue_farbe():
    farben = ['green', 'red', 'yellow', 'blue',
              'magenta', 'black']
    label.config(bg=choice(farben))


fenster = Tk()
label = Label(fenster, width=40, height=7)     #1
button = Button(fenster, command=neue_farbe,
                font=('Arial', 6), text='Neue Farbe')
label.pack()
button.pack()
fenster.mainloop()
```

Das Starterprojekt (Python) definiert ein Applikationsfenster mit einer Schaltfläche und einer farbigen Fläche (Label). Immer wenn man auf die Schaltfläche klickt, wird die Farbe des Labels geändert. Als weiteres Material zur Aufgabe kann eine Tabelle mit der Beschreibung von Optionen der Widgets (Schrifttyp, Schriftgröße etc.) dienen.

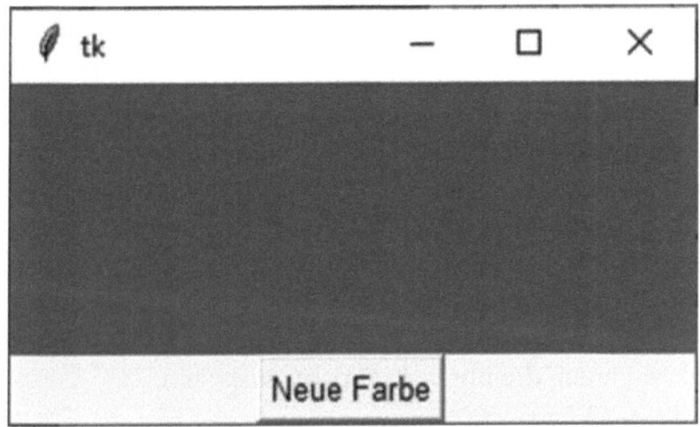

Abb. 1: Anwendungsfenster mit Label und Schaltfläche

Zu diesem Starterprojekt kann man verschiedene Aufgaben erstellen. Die folgenden drei Varianten haben das gleiche Ziel und weisen steigende Tiefe auf.

A: Mache die Schrift auf der Schaltfläche größer

B: Sorge dafür, dass man den Text besser lesen kann.

C: Mache die Anwendung barrierefrei für Sehbehinderte.

Bei A ist das Ziel so formuliert, dass in einem Schritt einer Zweck-Mittel-Analyse eine passende Änderung im Programmtext gefunden werden kann. Denn der Parameter `font` enthält eine Angabe zur Schriftgröße, die man mit einer größeren Zahl überschreiben muss.

Bei B ist (mindestens) eine vorgeschaltete Schlussfolgerung notwendig: Die Lesbarkeit wird besser, wenn die Schrift größer ist. Also muss die Schrift vergrößert werden.

Bei C muss zumindest eine weitere Schlussfolgerung vorangestellt werden: Die Applikation wird barrierefrei für Sehbehinderte, wenn die Texte gut lesbar sind. Also muss die Lesbarkeit der Beschriftung der Schaltfläche verbessert werden. Bei einer realen Lernaufgabe zur Auswahl dürfte nur eine der drei Varianten angeboten werden, da die Varianten A und B ja schon Teillösungen der Variante C sind.

Fazit: Zur Lösung einer leichten Aufgabe sind nur wenige Schlussfolgerungen (als Ergebnis von Zweck-Mittel-Analysen) erforderlich.

3.3 Einsichtstiefe und Repräsentation des Problems

Der Abstand zum Ziel als Anzahl der Schlussfolgerungen in einem „Hill Climbing" Prozess als Maß für Schwierigkeit sieht darüber hinweg, dass diese Schlussfolgerungen unterschiedlich schwierig zu gewinnen sind. Manche Folgerungen sind naheliegend und manche abwegig. Es gibt Probleme, deren Lösung auf einer einzigen Einsicht beruht, die aber viele Menschen nur nach Mühe gewinnen können. Klassische Beispiele sind (unter vielen anderen) das Neunpunkteproblem und das Problem des unvollständigen Schachbretts. Die Ursache für die Schwierigkeit eines Einsichtsproblems liegt nach [KS90] darin, dass eine geeignete Repräsentation des Problems fehlt. Oft ist es so, dass bisherige Erfahrung das Finden einer Lösung eher behindert. Beim Neupunkteproblem müssen neun im Quadrat angeordnete Punkte durch vier gerade Striche verbunden werden. Die meisten Menschen versuchen die Striche innerhalb der Punkte-Box zu zeichnen. Die richtige Lösung findet man nur, wenn man „out-of-the-box" denkt und die Möglichkeit einbezieht, diagonale Linien zu zeichnen, die über die Box hinausgehen.

Die Leistung bei der Lösung eines Einsichtsproblems liegt also im Finden einer geeigneten Repräsentation, die oft neu und ungewohnt ist. Das ist ein gewaltiger Lernschritt. In manchen Fällen kann die Lösung eines Einsichtsproblems erleichtert werden, wenn eine geeignete Repräsentation des Problems angeboten wird, die wie ein „Türöffner" wirkt und einen Lösungsweg offensichtlich macht. Beim Problem des unvollständigen Schachbretts („mutilated checkerboard") soll folgende Frage beantwortet werden:

Wir haben ein Schachbrett mit 62 Feldern, bei dem an gegenüber liegenden Ecken die zwei weißen Felder fehlen, und Dominosteinen, die jeweils zwei Felder bedecken. Kann das unvollständige Schachbrett vollständig mit diesen Dominosteinen bedeckt werden?

Versuche haben gezeigt, dass die Lösung viel leichter gefunden wird, wenn man sich zunächst klar macht, dass jeder Dominostein immer ein weißes und ein schwarzes Feld bedeckt [KS90]. In diesem Fall kann ein einfacher „Tipp" die Lösungsfindung erleichtern. Es ist aber zu bezweifeln, dass dies bei allen Einsichtsproblemen gelingt; denn die geeignete Repräsentation des Problems kann ein schwieriges Konzept sein, das erst eingeübt werden muss, bevor man es wirklich versteht und anwenden kann. Man denke an Programmieraufgaben, die leicht zu lösen sind, wenn man das Problem rekursiv repräsentiert. Der Tipp „Verwende Rekursion" hilft nicht viel, wenn man nicht im rekursiven Denken geübt ist.

Fazit: Leichte Programmieraufgaben sind keine Einsichtsprobleme, sondern Probleme, zu deren Lösung man nicht sehr weit über eingeübte Denkgewohnheiten hinausgehen muss.

3.4 Aufwand

Der Aufwand zum Lösen einer Programmieraufgabe entspricht der Größe des Programms, das entwickelt werden soll. In der Softwaretechnik wird die Größe eines Programms meist durch die Anzahl der Programmzeilen des Quelltextes ohne Kommentare und ohne Leerzeilen angegeben (Source Lines of Code, SLOC). Diese Metrik wird bei professionellen Projekten z.B. zur Abschätzung der Entwicklungskosten, des Entwicklungsfortschritts oder der Produktivität verwendet [Bh12].

Die Schwierigkeit einer Aufgabe bezogen auf den Aufwand ergibt sich nicht aus der Komplexität von Schlussfolgerungsketten im Sinne von Zweck-Mittel-Analysen. Eine aufwändige Aufgabe kann im Hinblick auf die Problemlösung leicht sein, also in der hier vorgeschlagenen Redeweise eine geringe Tiefe haben. Die Aufgabe „Sorge dafür, dass man den Text besser lesen kann" aus dem Beispiel im vorigen Abschnitt wird gleich doppelt so aufwändig, wenn man ein Starterprojekt mit zwei Schaltflächen verwendet.

Die Schwierigkeit und die Möglichkeit des Scheiterns bei der Bewältigung des Aufwands ergibt sich (zumindest teilweise) aus dem begrenzten Zeitrahmen einer Übungsphase. Bei umfangreichen Programmtexten ist es in stärkerem Maße erforderlich, dass der Programmeditor kompetent genutzt wird. Programmpassagen werden kopiert und abgewandelt. Bei einem Zweizeiler kann ein Fehler meist durch direkte Anschauung gefunden werden. Je länger ein Programmtext ist, desto mehr Fehler kann er enthalten und desto mühsamer ist es, die Fehler zu lokalisieren. Debugging-Techniken müssen angewendet werden. Bei langen Programmtexten kann während der Entwicklung ein Refactoring sich als notwendig erweisen (z.B. Umbenennen von Variablen).

Die Frage ist, wie man bereits vorhandene Software – Beispiele und Starterprojekte, die nur noch abgewandelt oder erweitert werden müssen – in die Abschätzung des Aufwands einbezieht. Viele Lernende kopieren nicht einfach per Drag&Drop das vorgegebene Starterprojekt, sondern schreiben es ab und wandeln es sogar ab [We21]. Damit wird eine Aufgabe aufwändiger als vom Aufgabendesigner gedacht; denn beim Abschreiben und Experimentieren schleichen sich Fehler ein. Das ist Teil des Lernens und deshalb durchaus erwünscht. Selbst wenn die Lernenden das Starterprojekt einfach übernehmen, muss der vorgegebene Code erst analysiert und verstanden werden. Diese Überlegungen zeigen, dass zu einem Teil die Lernenden selbst über den Aufwand entscheiden, mit dem sie eine Lernaufgabe bewältigen.

Fazit: Eine einfache Aufgabe ist mit wenig Aufwand in kurzer Zeit zu lösen.

3.5 Diversität der Anforderung – Neuheitsgrad

Über Programmieraufgaben sollen noch nicht vertraute Programmierkonzepte geübt werden. Eine Programmieraufgabe kann fokussiert sein und nur ein einziges Konzept üben oder sie kann divers angelegt sein. Aufgaben einer Abschlussklausur, die ein breites Themenspektrum prüfen, enthalten oft ganz bewusst hohe Diversität.

Ein Beispiel sind folgende Aufgabenvarianten zum Thema Programmverzeigung und Bedingungen.

A: Der Computer soll nach einem Namen fragen. Wenn der Name „Paula“ eingegeben worden ist, wird eine Begrüßung ausgegeben. Ansonsten passiert nichts.

B: Der Computer soll nach einem Namen fragen. Wenn der Name „Paula“ oder der Name „Henry“ eingegeben worden ist, wird eine Begrüßung ausgegeben. Ansonsten passiert nichts.

Die zweite Variante hat eine höhere Diversität der Anforderung, weil sie zusätzlich zum Konzept der einseitigen Programmverzweigung noch das Konzept der logischen Oder-Operation anspricht. Die Diversität der Anforderung ist nicht identisch mit der Komplexität der Lösung, wie sie von Metriken zur konzeptuellen Komplexität (z.B. [Sh13]) erfasst wird. Denn es werden nur neu zu lernende, noch unvertraute Konstrukte gezählt. Man kann auch sagen, dass die Anzahl der neu zu lernenden Elemente den Neuheitsgrad einer Aufgabe beschreibt.

Bei Programmierprojekten gibt es häufig wiederkehrende Muster, die für die Lernenden zu einem bestimmten Zeitpunkt keine Schwierigkeit mehr darstellen. Zum Beispiel werden in den beiden zuletzt genannten Aufgaben Eingabe- und Ausgabeoperationen verwendet. Diese erhöhen zwar die konzeptuelle Komplexität, leisten aber keinen Beitrag zur Schwierigkeit dieser Aufgaben, sofern sie den Kursteilnehmern schon vertraut sind.

Fazit: In einer einfachen Aufgabe wird nur ein einziges Programmierkonzept geübt. Sie hat nur einen geringen Neuigkeitsgrad.

3.6   Erfassbarkeit der Aufgabenstellung

Bei Aufgaben geringen Aufwands und geringer Tiefe kann sprachliche Formulierung der Aufgabenstellung die Hauptschwierigkeit ausmachen. Lernaufgaben sollen Lernprozesse initiieren und verwenden deshalb manchmal Begriffe, die noch nicht vertraut sind und über die Aufgabe geübt werden sollen.

Die beiden folgenden Aufgabenstellungen beziehen sich wieder auf das Starterprojekt in Beispiel 1. Sie definieren gleiche Ziele, haben aber einen unterschiedlichen sprachlichen Schwierigkeitsgrad. Die erste Formulierung ist schwieriger, weil zusätzlich das Konzept „Instanziierung eines Objektes“ verwendet.

A: Machen Sie bei der Instanziierung eines Objektes ein Positionsargument zu einem Schlüsselwortargument.

B: Machen Sie in der Anweisung in Zeile #1 ein Positionsargument zu einem Schlüsselwortargument.

Diese Art der sprachlichen Schwierigkeit kann man als „fair“ bezeichnen, weil sie den Lernzielen des Programmierkurses entspricht. Die Erfassbarkeit einer Aufgabe kann aber auch dadurch erschwert werden, dass sie allgemein schwer verständlich und nicht eindeutig formuliert ist (linguistische Komplexität) oder dass sie Bezüge zu Wissensdomänen außerhalb der Kursthematik enthält. Diese Schwierigkeiten können als „unfair" bezeichnet werden, weil sie nichts mit Programmieren zu tun haben. Tatsächlich werden sie bei Prüfungsaufgaben vermieden [Sh13]. Bei Übungsaufgaben ist eine gute Erfassbarkeit des Aufgabenziels wichtig für die subjektive Einschätzung der Schwierigkeit.

Fazit: Bei einer leichten Aufgabe ist das Ziel einfach zu erfassen.

4 Beobachtungen zum Umgang mit leichten Aufgaben

In diesem Abschnitt werden Ergebnisse von Befragungen präsentiert, die in einem Einführungskurs zur Programmierung mit Python durchgeführt worden sind. Die Vorlesung wird seit 2018 regelmäßig angeboten und hat einen Umfang von zwei Semesterwochenstunden. Sie wendet sich an Studierende aller Fakultäten und setzt keine Vorkenntnisse voraus. Jede Veranstaltung ist in Themenblöcke eingeteilt, die jeweils aus einem Vortrag mit Diskussion und einem anschließenden Übungsteil bestehen (jeweils ca. 20 Minuten). Für den Übungsteil gibt es jeweils ein Angebot von Übungsaufgaben, aus dem die Studierenden auswählen können. Die Zeit reicht in der Regel nicht aus, alle Aufgaben zu bearbeiten. An mehreren Stellen wurden die Studierenden ermuntert, ihre Arbeitsweise während der Übungsphasen kurz zu reflektieren und Online-Fragebögen auszufüllen. Die Befragung war Bestandteil des Kurskonzeptes und verzichtete auf Angaben zur Person. Die Teilnahme war anonym und freiwillig. Wer mitmachte, hatte die Chance in einer Verlosung einen Buchpreis zu gewinnen.

Im Wintersemester 2021/22 wurde in diesem Kurs ein Fragebogen zum Umgang mit leichten Aufgaben angeboten, der von 14 Personen bearbeitet wurde. Davon gaben 6 Personen an, die Abschlussklausur mitzuschreiben, 4 Personen wollten nicht mitschreiben und 4 Personen hatten sich noch nicht entschieden. Der Einleitungstext des Fragebogens enthielt folgende Passage: „Als leichte Programmieraufgabe bezeichnen wir hier eine Aufgabe mit folgenden Merkmalen: a) Es muss etwas Programmtext geschrieben werden (eventuell nur wenige Zeichen). b) Sie haben innerhalb von 5 Sekunden eine Lösungsidee und sind überzeugt, dass Sie die Aufgabe lösen können - auch wenn das Schreiben des Programmtextes vielleicht länger als 5 Sekunden dauert."

Der Fragenbogen erfasste Selbstbeobachtungen zu drei Aspekten des Umgangs mit leichten Programmieraufgaben:

- Auswahlstrategien (A). „Wie gehen Sie mit leichten Programmieraufgaben um? Haben Sie eine Strategie?"

- Umgang mit leichten Aufgaben (U). „Wie gehen Sie vor, wenn Sie eine leichte Programmieraufgabe lösen?"

- Psychische Effekte beim Lösen leichter Aufgaben (E). „Welche Effekte kann das Bearbeiten leichter Programmieraufgaben bei Ihnen auslösen?"

Die Teilnehmer sollten zutreffende Statements ankreuzen und hatten die Möglichkeit zusätzlich weitere Beobachtungen zu formulieren. Tabelle 1 zeigt einige Ergebnisse.

Statement	Anzahl (Prozent)
A1 Ich überspringe leichte Aufgaben und konzentriere mich auf schwierigere Aufgaben.	1 (7%)
A2 Ich überfliege leichte Aufgaben und prüfe, ob ich den angesprochenen Stoff schon beherrsche, bevor ich die Aufgaben tatsächlich löse.	1 (7%)
A3 Ich löse leichte Aufgaben, auch wenn ich das Gefühl habe, unterfordert zu sein.	3 (21%)
A4 Ich beginne in einer Übungsphase mit den leichten Aufgaben und löse erst dann die schwierigen.	11 (79%)
A5 Ich löse bei einer Übung zuerst Aufgaben, die mich interessieren. Erst dann beschäftige ich mich mit den leichten Aufgaben.	2 (14%)
A6 Ich beschäftige mich dann mit leichten Aufgaben, wenn ich mit schwierigeren Aufgaben nicht zurechtkomme.	1 (7%)
U1 Ich beschäftige mich einige Sekunden lang in Gedanken mit der leichten Programmieraufgabe. Wenn ich sicher bin, dass ich sie richtig lösen kann, breche ich die Lösung ab und schreibe keinen Programmtext.	3 (21%)
U2 Auch wenn ich die leichte Programmieraufgabe in Gedanken lösen kann, schreibe ich Programmtext auf.	10 (71%)
U3 Auch wenn ich ganz sicher bin, dass meine Lösung der leichten Programmieraufgabe richtig ist, starte ich das Programm und prüfe, ob es korrekt funktioniert.	13 (92%)
U4 Die leichte Programmieraufgabe inspiriert mich zu eigenen Erkundungen. Das heißt: Nach der Lösung einer leichten Programmieraufgabe probiere ich noch andere Programmkonstrukte aus.	4 (29%)
E1 Beim Bearbeiten einer leichten Programmieraufgabe werde ich aggressiv, z.B. weil mir die Aufgabe trivial oder irrelevant erscheint.	0 (0%)
E2 Beim Lösen einer leichten Programmieraufgabe merke ich, dass ich die Programmierung besser verstehe.	10 (71%)
E3 Beim Bearbeiten einer leichten Programmieraufgabe merke ich, dass ich eine Sache noch nicht richtig verstanden habe.	10 (71%)
E4 Beim Lösen einer leichten Programmieraufgabe empfinde ich Zufriedenheit.	11 (79%)
E5 Beim Bearbeiten einer leichten Programmieraufgabe fühle ich mich motiviert, eine Frage zur in der Aufgabe angesprochenen Thematik zu stellen.	5 (36%)

Tab. 1: Selbstbeobachtungen zum Umgang mit leichten Aufgaben (n = 14)

Leichte Aufgabe spielen anscheinend eine wichtige Rolle in Programmierübungen mit inhomogenen Lerngruppen. Sie werden selten übersprungen (A1) und häufig zum Einstieg in ein Thema genutzt (A3, A4). Im Unterschied zum Übererklären (overexplaining = Dinge erklären, die schon bekannt sind) lösen leichte Aufgaben keine aggressiven Gefühle aus (E1). Sie sind wichtig zur Selbstdiagnose der eigenen Leistungsfähigkeit, wenn sie tatsächlich ausgeführt werden (E2, E3), haben aber in dieser Hinsicht keine Bedeutung, wenn sie nur gelesen werden (A2).

Die positiven Erfahrungen mit leichten Aufgaben widersprechen anscheinend Atkinsons Risikowahl-Modell [At57]. Dieses postuliert, dass erfolgsorientierte Menschen einen mittleren Schwierigkeitsgrad für selbstgewählte Aufgaben suchen. Eine mögliche Erklärung ist, dass jede Lösung einer Programmieraufgabe mit einem positiven Erfolgserlebnis verbunden ist. Das heißt auch leichte Programmieraufgaben (mit geringem Misserfolgsrisiko) haben eine hohe Attraktivität. Selbstgeschriebene Programme werden ausgeführt und getestet, auch wenn man sicher ist, dass sie funktionieren und somit kein zusätzlicher kognitiver Lerneffekt erwartet wird (U1 – U3). Sie führen zu positiven Gefühlen (E1, E4) und regen manchmal an, Fragen zu stellen (E5).

5   Leichte Aufgaben konstruieren

Wie kann man die Aufgaben in einem Programmierkurs so gestalten, dass in einer Teilnehmergruppe mit inhomogener Leistungsfähigkeit für jede und für jeden etwas dabei ist? Tabelle 2 zeigt einige Muster für leichte Aufgaben.

Muster	Beispiel
1 Ausprobieren. Programm abschreiben oder kopieren und zum Laufen bringen, einen einzelnen Befehl im interaktiven Modus (IDLE Shell) ausprobieren.	Probiere in der IDLE-Shell folgende Anweisungen aus: 5 / 2 5 // 2
2 Ändern. Namen oder Werte in einem vorgegebenen Programmtext ändern.	Der Computer sagt „Guten Morgen!" Sorge dafür, dass er etwas anderes sagt.
3 Erweitern. Zu dem Starterprojekt gleichartige Programmelemente hinzufügen.	Der Computer erzählt eine kurze Geschichte. Sorge dafür, dass er eine längere Geschichte ausgibt.
4 Transfer. Das Starterprojekt als Muster für ein Projekt zu einem anderen Thema verwenden.	Der Computer fragt einige Daten ab, berechnet daraus das Volumen eines Quaders und gibt das Ergebnis aus. Schreibe ein

Programm, das die Oberfläche eines Quaders berechnet.

5 Verbessern. Das Starterprojekt enthält eine deutliche Schwäche, die verbessert werden soll.	Der Computer sagt nicht, welche Daten eingegeben werden sollen. Verbessere das.
6 Experimentieren. Zu einer Frage ein Experiment planen und durchführen.	Wie viele Elemente enthält die Liste [[]]? Haben Zahlen eine Länge?

Tab. 2: Einige Muster für leichte Programmieraufgaben.

Im Folgenden werden einige Gestaltungsprinzipien vorgestellt, die auf den oben diskutierten Merkmalen leichter Aufgaben und den Befragungsergebnissen basieren.

Lokalität. Die Aufgabe bezieht sich auf einen engen Bereich des Lernmaterials, ähnlich wie bei Lernprogrammen. Im Aufgabentext wird explizit auf ein Lehrmaterial Bezug genommen („Verwende Tabelle 1.2.") oder die benötigte Information gleich mitgeliefert. Das aktiviert zur Auseinandersetzung mit dem Lehrmaterial.

Schnelle Lösung. Wertvoll sind leichte Aufgaben mit geringer Tiefe, die ohne viel Aufwand gelöst werden können. Denn die meisten Lernenden verwenden leichte Aufgaben zum Einstieg, um anschließend schwierigere Herausforderungen anzugehen. Damit ihnen dafür genügend Zeit bleibt, sollten die Aufgaben schnell zu lösen sein.

Disjunkte Problemstellungen und Gleichwertigkeit. Bei der Gestaltung eines Aufgabensets kann es vorteilhaft sein, wenn die Problemstellungen disjunkt sind. Das heißt, es kommt nicht vor, dass es zu einer Problemstellung mehrere Aufgabenvarianten unterschiedlicher Schwierigkeit gibt. Damit wird vermieden, dass eine leichte Variante Aspekte der Lösung einer schwierigen Variante vorwegnimmt. Außerdem haben so alle Aufgaben (die leichten und die schwierigen) gleiche Wertigkeit. Wenn jemand die Lösung einer leichten Aufgabe erklärt, leistet sie oder er einen Beitrag, der nicht schon von jemandem im Zusammenhang einer schwierigeren Aufgabe geleistet wird.

Einfache Starterprojekte. Bei leichten Aufgaben müssen auch die Starterprojekte leicht sein. Am besten verwendet man Programmtexte, die schon im instruktiven Teil der Veranstaltung besprochen worden sind. Wenn das Starterprojekt zu schwierig ist, hat man an Stelle einer einfachen konstruktiven Aufgabe eine schwierige Verständnisaufgabe.

Ersatzaufgaben. Bei einem inklusiven Unterricht sollten zu jedem Thema auch einfache Aufgaben angeboten werden. Nach Schwill [Sc93] zeichnen sich die „fundamentalen Ideen der Informatik" dadurch aus, dass man sie auf verschiedenen Anspruchsniveaus vermitteln kann (Vertikalkriterium). Zu schwierigen Gegenständen können leichte Aufgaben kreiert werden, die sich auf einen fundamentaleren Aspekt des Gegenstandes beziehen. Zum Beispiel ist die Definition von Funktionen eine Methode der strukturellen Zerlegung eines Programms. Mit Blick auf diesen Aspekt ist folgendes Beispiel eine einfache Ersatzaufgabe zur Definition von Funktionen: „Das Programm macht zwei Dinge. Teile den

Programmtext in zwei Abschnitte auf, indem du eine Leerzeile einfügst." Auch in Universitätskursen kommt es vor, dass Kursteilnehmer ein Thema, das sie für zu schwierig erachten, einfach überspringen. Das gilt sogar für Personen, die vorhaben, die Abschlussklausur mitzuschreiben („Mut zur Lücke"). Ein inklusives Übungsangebot bietet überforderten Teilnehmern Ersatzaufgaben, die das (schwierige) Thema berühren und ins Bewusstsein rufen, aber eine Syntheseleistung aus einem anderen (einfacheren) Bereich verlangen. Beispiel: In einer Übungseinheit zur objektorientierten Programmierung geht es um die Definition von Klassen. Bei einer Ersatzaufgabe wird eine Klassendefinition mit einer Dummy-Methode (Kopfzeile der Methode) vorgegeben. Die Aufgabe ist, diese Methode zu implementieren. Das heißt, die geforderte konstruktive Aktivität enthält kein objektorientiertes Modellieren, sondern ist eine Übung im einfachen imperativen Programmieren. Gleichwohl wird Objektorientierung angesprochen.

Mit Ersatzaufgaben ist es möglich, dass unterschiedliche Teilnehmergruppen eigene Lernpfade im Sinne des Mastery Learning nutzen können. Mastery Learning hat sich für Programmierkurse bewährt [BB76], [LR18]. Die Idee: Der Stoff ist in viele Einheiten aufgeteilt. Erst wenn man den Stoff einer Einheit beherrscht, schreitet man zur nächsten Einheit fort. Wer bei der Programmierung nicht mehr mithalten kann oder will, folgt dem Unterrichtsgang oberflächlicher und übt mit Hilfe von Ersatzaufgaben das Programmieren auf einem Niveau, das seiner Leistungsfähigkeit entspricht.

6 Fazit

Inklusiver Informatikunterricht ist eine Herausforderung an Informatiklehrerinnen und Informatiklehrer, einfache Programmieraufgaben zu entwickeln. Die Arbeit lohnt sich. Erfahrungen aus Universitätskursen zur Programmierung legen nahe, dass leichte Programmieraufgaben für *alle* Lernende – auch die talentierten und interessierten – eine Bereicherung sind.

7 Literaturverzeichnis

[An93]   Anderson, J. R.: Problem solving and learning. American psychologist, 48(1), 35, 1993.

[At57]   Atkinson, J. W.: Motivational determinants of risk-taking behavior. In: Psychological review, 64(6p1), S. 359–372, 1957.

[BB76]   Block, J. H., Burns, R. B.: Mastery learning. Review of research in education, 4, 3-49 (1976).

[Bh12]   Bhatt, K., Tarey, V., Patel, P., Mits, K. B., Ujjain, D.: Analysis of source lines of code (SLOC) metric. International Journal of Emerging Technology and Advanced Engineering, 2(5), S. 150-154, 2012.

[Bl56]   Bloom, B.S. (Ed.): Taxonomy of Educational Objectives: Handbook I: Cognitive Domain, Longmans, Green and Company, 1956.

[ECP19] Effenberger, T., Čechák, J., & Pelánek, R.: Measuring difficulty of introductory pro-gramming tasks. In Proceedings of the Sixth ACM Conference on Learning@ Scale. S. 1–4, 2019.

[Gl12] Gluga, R., Kay, J., Lister, R., Kleitman, S. and Lever, T.: Coming to terms with Bloom: An online tutorial for teachers of programming fundamentals. In: Proceedings of the Fourteenth Australasian Computing Education Conference, Volume 123, S. 147-156, 2012.

[KS90] Kaplan, C. A., Simon, H. A.: In search of insight. Cognitive psychology, 22(3), S. 374-419, 1990.

[LKR18] Laakso, M. J., Kaila, E., & Rajala, T.: ViLLE–collaborative education tool: Designing and utilizing an exercise-based learning environment. Education and Information Tech-nologies, 23(4), S. 1655-1676, 2018.

[LR18] Luxton-Reilly, A., Becker, B. A., Cao, Y., McDermott, R., Mirolo, C., Mühling, A., ... & Whalley, J. : Developing assessments to determine mastery of programming funda-mentals. In Proceedings of the 2017 ITiCSE Conference on Working Group Reports S. 47-69. 2018.

[NS72] Newel, A., Simon, H. A. (1972).: Human problem solving. Englewood Giffs, NJ: Pren-tice-Hall, 1972.

[Sh13]. Judy Sheard, Simon, Angela Carbone, Donald Chinn, Tony Clear, Malcolm Corney, Daryl D'Souza, Joel Fenwick, James Harland, Mikko-Jussi Laakso, and Donna Teague: How Difficult Are Exams?: A Framework for Assessing the Complexity of Introductory Programming Exams. In: Proceedings of the 15th Australasian Computing Education Conference (ACE '13). S. 145–154, 2013.

[Sc93] Schwill, A.: Fundamentale Ideen der Informatik. Zentralblatt für Didaktik der Mathe-matik, 25(1), S. 20-31, 1993.

[We21] Weigend, M.: Starter Projects in Python Programming Classes. In: Open Conference on Computers in Education, S. 104-115. Springer, Cham , 2021.

Selbstdifferenzierende Aufgaben im Informatikunterricht – Zu Umsetzungsoptionen und Potenzial in der frühen Programmierung

Gia Minh Vo[1], Marco Kindervater[2], Meeri-Liisa Beste[3]

Abstract: Differenzieren ist ein bezüglich Lerngruppe und Unterrichtsgegenstand individuelles und anspruchsvolles Vorhaben. Vor allem im Informatikunterricht haben Schülerinnen und Schüler heterogene Vorkenntnisse und Interessen. Besonders in der *frühen Programmierung* im Unterricht sind meist deutliche Leistungsunterschiede zu erkennen. Eine Forderung des Informatikunterrichtes ist es, die individuellen Lernvoraussetzungen der Schülerinnen und Schüler zu berücksichtigen. Dies ist bedeutsam für die Entwicklung der Lernenden und damit auch für den Informatikunterricht. Die Steuerung von Lernprozessen im Kontext von Individualisierung kann durch die Wahl und Bearbeitung *geeigneter Aufgaben* im Unterricht gelingen. Wir greifen diese Forderung auf und stellen einen ersten Denkansatz zur Entwicklung von *selbstdifferenzierenden Aufgaben* in der frühen Programmierung vor. Unter „selbstdifferenzierend" wird eine Lernaufgabe verstanden, bei der Schülerinnen und Schüler einen gemeinsamen Denk- und Aneignungsweg beschreiten, aber selbst Umfang und Tiefe der Bearbeitung wählen können. Aus dem niedersächsischen Kerncurriculum der Informatik für die Sekundarstufe I untersuchen wir das *Lernfeld* „Algorithmisches Problemlösen" und verwenden dabei die visuelle Programmiersprache *Scratch*. Erste Ideen zur Entwicklung werden in diesem Beitrag dargestellt, erläutert und diskutiert. Diese deuten darauf hin, dass die Konstruktion von *selbstdifferenzierenden Aufgaben* auch in anderen informatischen Lernfeldern fruchtbar sein kann.

Keywords: selbstdifferenzierende Aufgaben; Programmierung; Algorithmisches Problemlösen; Scratch; Sekundarstufe I; Aufgaben; Differenzierung

1 Einleitung

Die Differenzierung ist ein essentieller Baustein guten Unterrichts [Me04] und eine notwendige Aufgabe einer jeden Lehrperson. Über Differenzierungsstrategien soll grundsätzlich erreicht werden, dass die Schülerinnen und Schüler individuell gefördert werden, womit sich von einem Lernen im Gleichschritt distanziert wird. Gleichzeitig müssen verbindliche Mindestanforderungen für *alle* Schülerinnen und Schüler gelten [HP07]. Auch wenn im deutschen Schulsystem eine *äußere Differenzierung* vorliegt (beispielsweise durch das mehrgliedrige Schulsystem oder auch vielerorts durch einen „G-Kurs" (Grundkurs) und „E-Kurs" (Erweiterungskurs)), gibt es in den unterschiedlichen

[1] Universität Hildesheim, Institut für Mathematik & Angewandte Informatik, Didaktik der Informatik, Samelsonplatz 1, 31141 Hildesheim, vo@imai.uni-hildesheim.de

[2] Universität Hildesheim, Institut für Mathematik & Angewandte Informatik, Didaktik der Mathematik 1, Samelsonplatz 1, 31141 Hildesheim, kindervater@imai.uni-hildesheim.de

[3] Universität Hildesheim, Institut für Mathematik & Angewandte Informatik, Didaktik der Mathematik 2, Samelsonplatz 1, 31141 Hildesheim, beste@imai.uni-hildesheim.de

Lerngruppen immer noch eine große *interne Heterogenität* [ebd.]. Solch eine interne Heterogenität drückt sich in den verschiedensten Formen aus. So ist unter anderem von Unterschieden zwischen den Schülerinnen und Schülern bei Lernleistungen und Vorkenntnissen auszugehen. Auch sind Unterschiede bei weniger unmittelbar fachlichen Aspekten wie dem Arbeitstempo oder der Motivation zu erwarten. Besonders in der frühen Phase der Programmierung im Informatikunterricht spielen *Vorkenntnisse* einzelner Schülerinnen und Schüler eine entscheidende Rolle. Die Auswirkungen der Vorkenntnisse von Programmiersprachen untersucht die Studie von Park & Hyun [PH14] anhand von 226 Schülerinnen und Schülern (m=150, f=76). Eine Erkenntnis dieser Untersuchung ist, dass Schülerinnen und Schüler, die bereits im Vorfeld mit mehreren Programmiersprachen ($n > 1$) gearbeitet und dementsprechend hohe Programmiervorkenntnisse haben, sowohl einfachere Aufgabe als auch weiterführende bzw. anspruchsvollere Programmieraufgaben besser bearbeiten konnten als jene Schülerinnen und Schüler, die kaum Programmiererfahrungen hatten ($n \leq 1$) [ebd.].

Jede Lehrperson sollte also trotz existierender äußerer Differenzierung auch eine innere Differenzierung im Unterricht umsetzen [Me04]. Eine Forderung des Informatikunterrichtes ist es, die individuellen Lernvoraussetzungen der Schülerinnen und Schüler zu berücksichtigen. Dies ist bedeutsam für die Entwicklung der Lernenden und damit auch für den Informatikunterricht. Dabei muss aber auch die Arbeitsbelastung der Lehrpersonen im Rahmen des Machbaren bleiben. Eine Möglichkeit einer aufwandseffizienten Umsetzung im Unterricht sehen wir dabei in *selbstdifferenzierenden Aufgaben*. Bei der exemplarischen Konstruktion einer selbstdifferenzierenden Aufgabe (s. Abb. 3) haben wir uns inhaltlich dem Lernfeld „Algorithmisches Problemlösen" aus dem niedersächsischen Kerncurriculum der Informatik für die Sekundarstufe I [NI14] gewidmet.

2   Theoretischer Rahmen

Aufgaben sind ein essentieller Bestandteil des Informatikunterrichtes. Sie sind einerseits für die Festigung neu erarbeiteter Inhalte und andererseits für die Ermittlung des Leistungsstandes von großer Bedeutung [PH14]. Dabei werden von den Lehrpersonen häufig Zusatzaufgaben für schnellere Schülerinnen und Schüler, anspruchsvollere Aufgaben für leistungsstärkere Schülerinnen und Schüler oder auch Unterstützungsmaterialien für lernschwächere Schülerinnen und Schüler angefertigt [Le12]. Dies sind sicherlich legitime Möglichkeiten für eine Differenzierung im Unterricht. Die Ansprüche eines individualisierten Unterrichts werden damit aber noch nicht erfüllt [ebd.]. Neben den Lernvoraussetzungen der Schülerinnen und Schüler müssen auch die unterschiedlichen Interessenlagen sowie die individuelle Kompetenzentwicklung der Lernenden berücksichtigt werden. Das kann für den Informatikunterricht nicht nur bedeuten, dass alle Schülerinnen und Schüler dasselbe lesen und bearbeiten sollen und dabei mehr oder weniger Hilfe bekommen. Es geht vielmehr darum, dass alle Lernenden einen gemeinsamen Denk- und Aneignungsweg beschreiten, dies aber mit unterschiedlichen Lernstrategien und eigenen Teil- oder Interessengebieten [ebd.].

Eine mögliche Antwort auf die Frage „Wie können Lehrende eine Aufgabe so gestalten, dass *alle* Schülerinnen und Schüler sie bewältigen und dabei zu individuell erfolgreichen Lösungen gelangen können?" (in Anlehnung an [BI14]) sehen wir im Konzept selbstdifferenzierender Aufgaben, welches wie folgt beschrieben werden kann [HP07]: *„Die Hauptidee [von selbstdifferenzierenden Aufgaben] ist [es], die Verantwortung für ein angemessenes Niveau mit den Lernenden zu teilen, indem [...] Aufgaben(-felder) die Bearbeitung auf unterschiedlichen Niveaus und mit unterschiedlichen Zugangsweisen ermöglichen. Sind die Aufgaben reichhaltig genug, können sich die Lernenden ihre Herausforderungen selbst definieren."*

2.1   Qualitätskriterien für Aufgaben

Bei der Betrachtung der Aufgabenkultur im Informatikunterricht ist es hilfreich, aus nahestehenden Fächern zu lernen. Für jene Fächer empfiehlt das Gutachten des Programms „Steigerung der Effizienz des mathematisch-naturwissenschaftlichen Unterrichts" (SINUS) [BLK97] eine Weiterentwicklung der Aufgabenkultur. Dabei sollen u.a. Aufgaben für den Unterricht entwickelt werden, die *mehrere* Vorgehensweisen und *unterschiedliche* Lösungsmöglichkeiten anbieten [BLK97, entnommen aus BHP14], worin wir ein zu übernehmendes Ziel für den Informatikunterricht sehen. Bei der Konzeption einer Lernaufgabe muss weiterhin die Frage gestellt werden, welches Potenzial diese Aufgabe hat und wie dieses für die Schülerinnen und Schüler nutzbar gemacht werden kann.

Variationen des Aufgabenformats können verhindern, dass Schülerinnen und Schüler auf nur einem Niveau arbeiten [BHP14]. Diese Vorgehensweise ermöglicht es, unterschiedliche Aspekte und verschiedene Anwendungskontexte eines Themas abzudecken sowie Vernetzungen zu verdeutlichen. Brichzin et al. [BHP14] haben für das Schulfach Informatik eine Liste von *„Qualitätskriterien für Aufgaben"* in Form von Fragen formuliert, die Impulse geben können, Aufgaben unter anderem variantenreicher und kompetenzorientierter zu gestalten. Die Autoren verzichten dabei bewusst auf die Bezeichnung von „guten" Aufgaben, weil die Qualität der Aufgabe immer vom Kontext des Lehr- und Lernprozesses abhängt [ebd.]. So können beispielsweise Lern-, Übungs- und Leistungsaufgaben unterschiedliche Zielsetzungen verfolgen [ebd.].

2.2   Differenzierung im Kontext von Aufgaben

Die dieser Arbeit zugrundeliegende Bestrebung liegt in einer effizienten Individualisierung des Unterrichts, um den nach [PH14] vorliegenden und relevanten Unterschieden bezüglich der Lernvoraussetzungen der Schülerinnen und Schüler bestmöglich gerecht werden zu können. Die Notfalllösung der Orientierung an einem unterstellten mittleren Leistungsniveau innerhalb der Lerngruppe [KB20] ist dabei alles andere als hinreichend. Daraus folgt, dass eine situativ angemessene Differenzierung anzustreben ist. Im Kontext dieser gibt es verschiedene Ausprägungen. Grundsätzlich ist festzuhalten, dass die Aufgabenebene als Einflussoption des Unterrichtens der *inneren Differenzierung* zuzuordnen ist.

Weiterhin ist in innere Differenzierung mit *einheitlichem* Unterrichtsverlauf und innere Differenzierung mit *individuellem* Unterrichtsverlauf zu unterscheiden [Si19]. Ein Umsetzungsaspekt einer inneren Differenzierung mit einheitlichem Unterrichtsverlauf ist beispielsweise die bewusste Auswahl von Schülerinnen und Schülern im Unterrichtsgespräch basierend auf der individuellen Eignung der Beantwortung einer bestimmten Frage oder Aufgabe [ebd.]. Ebenfalls kann die persönliche Unterstützung eines Lernenden oder einer Gruppe von Lernenden während einer aus Sicht der Schülerinnen und Schüler selbstständigen Arbeitsphase genannt werden [ebd.]. Bei der inneren Differenzierung mit individuellem Unterrichtsverlauf können sich die Zielsetzungen sowie die Tätigkeiten der Schülerinnen und Schüler innerhalb einer Lerngruppe unterscheiden [ebd.]. Das Anbieten unterschiedlicher Aufgaben ist eine Möglichkeit der Umsetzung [ebd.]. Als stärkere Ausprägung innerer Differenzierung im Vergleich zur persönlichen Unterstützung im Kontext der inneren Differenzierung mit einheitlichem Unterrichtsverlauf tritt das individuelle Anleiten einzelner Schülerinnen und Schüler durch die für den Unterricht verantwortliche Lehrperson auf [ebd.]. Ein individueller Unterrichtsverlauf kann aber – allen voran im Verbund mit einer zieldifferenten Vorgehensweise – die Heterogenität innerhalb der Lerngruppe zusätzlich verstärken, sei es durch verschiedene oder zusätzliche Erfahrungen oder unterschiedliche Kompetenzniveaus basierend auf differenten Vertiefungsniveaus der Unterrichtsverläufe. Daher erscheint innere Differenzierung mit einheitlichem Unterrichtsverlauf nicht nur aus organisatorischer Sicht in der gegebenen Situation samt Vorbereitung Vorteile zu bieten.

2.3 Entscheidungsfelder für Differenzierungsansätze

Bei der Planung eines differenzierenden Unterrichts müssen mehrere didaktische Entscheidungsfelder berücksichtigt werden. Leuders & Prediger [LP17a] schlagen in der Mathematikdidaktik vier didaktische Entscheidungsfelder vor: *Differenzierungsziele* („Mit welchem Differenzierungsziel wird der Gleichschritt aufgelöst?"), *Differenzierungsaspekte* („Nach welchem Differenzierungsaspekt wird der Gleichschritt aufgelöst?"), *Differenzierungsformate* („Mit welchem Format wird Adaptivität hergestellt?") und *Differenzierungsebenen* („Auf welcher Differenzierungsebene wird geplant?"). Damit Lernaufgaben zur Differenzierung fachdidaktisch reflektiert eingesetzt werden können, müssen relevante Aufgabenmerkmale explizit in Beziehung zu den Differenzierungsaspekten und Differenzierungszielen gesetzt werden. Leuders & Prediger [LP17a] listen dabei drei Blöcke auf (inhaltliche Merkmale mit Differenzierung nach Lernzielen; innere Struktur von Aufgaben mit Differenzierung nach Niveau und Zugangsweise; äußere Struktur von Aufgaben mit Differenzierung nach Arbeitsweisen), um eine solche Beziehung zu ermöglichen. Unter einer „selbstdifferenzierenden

Aufgabe", die dem Block der *äußeren Struktur* von Aufgaben zuzuordnen ist, wird eine Lernaufgabe verstanden, bei der Schülerinnen und Schüler einen gemeinsamen Denk- und Aneignungsweg beschreiten, aber selbst Umfang und Tiefe der Bearbeitung wählen können [FLH18].

2.4 Aufgabentypen in der frühen Programmierung

Dieser Abschnitt thematisiert unterschiedliche Typen von Programmieraufgaben. Verschiedene Autoren [Le11, SW17] beschreiben didaktische Ansätze, in denen die Schülerinnen und Schüler in der frühen Phase der Programmierung zunächst mit bereits bestehenden Programmen arbeiten und diese dann schrittweise modifizieren sollen, bis sie schließlich eigene Programme erstellen können. Dieser Ansatz wird auch „*Use-Modify-Create*"-Lehrkonzept [Le11] genannt. Anschließend erfolgt ein iteratives Vorgehen des Testens, Analysierens und der Weiterentwicklung. Welche Aufgabentypen in der frühen Programmierung verbreitet sind, leiten Ruf et al. [RBH13] induktiv aus der Analyse von Programmieraufgaben ab und identifizieren dabei 14 unterschiedliche Aufgabentypen. Geldreich et al. [GTH19] stellen nach dem *Use-Modify-Create*-Lehrkonzept 13 Aufgabentypen vor, die dazu anregen sollen, den eigenen Blick für das Potenzial unterschiedlicher Aufgabentypen zu schärfen.

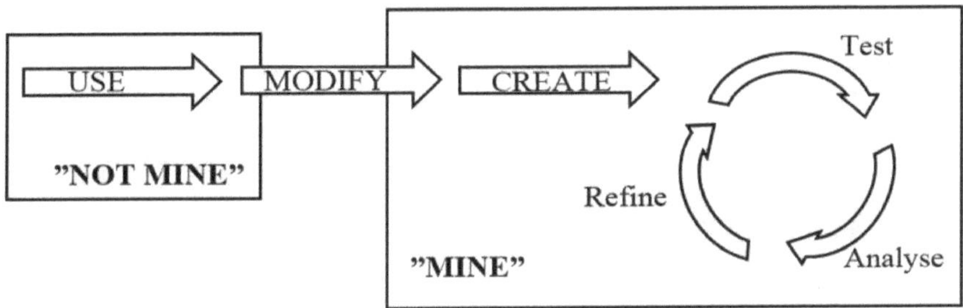

Abb. 1: Use-Modify-Create-Lehrkonzept nach [Le11]

3 Zur Konstruktion von selbstdifferenzierenden Aufgaben

Eine selbstdifferenzierende Aufgabe muss die im Kerncurriculum [NI14] und in den Bildungsstandards Informatik [GI08] für die Sekundarstufe I vorgeschriebenen inhalts- und prozessbezogenen Kompetenzen berücksichtigen. Mit Blick auf die Lernvoraussetzungen der Schülerinnen und Schüler und der einhergehenden Heterogenität der Lernenden wird das Auflösen des Lernens im Gleichschritt zugunsten einer individuellen Förderung der Schülerinnen und Schüler gefordert.

Selbstdifferenzierende Aufgaben treten über die Eröffnung einer niveaudifferenten und – gerechten Bearbeitung durch die mit ihr konfrontierten Lernenden hervor [HP07]. Weiterführend wurden offene Aufgaben, die einen individuellen Lernweg ermöglichen, als potentiell fruchtbare Umsetzungsoption von Differenzierung auf der Ebene der Aufgaben herausgestellt, wobei diese dennoch einen grundsätzlich einheitlichen Unterrichtsverlauf mit einem gemeinsamen Ziel ermöglichen. Auch fördert diese Offenheit die Zugänglichkeit der Aufgabe selbst, indem mit verschiedenen Zugängen an die Aufgabe herangetreten werden kann [ebd.]. Lernende können die Aufgabe lernvoraussetzungsgerecht erfolgreich bearbeiten, wobei unbewusst bezüglich dieser übergeordneten Abläufe über eine eigene Antwort auf die Offenheit der Fragen eine für diesen Lernenden spezifische Anforderung definiert wird [ebd.]. Die selbstdifferenzierende Wirkung kann in verschiedenen Aspekten auftreten. Eigene Interessen können in die Bearbeitung der Aufgabe integriert werden, wobei auch die individuelle Kreativität entfaltet werden kann [KB20]. Eine erfolgreiche Lösung kann in verschiedenen Ausmaßen der Komplexität erreicht werden [ebd.]. So ist eine erfolgreiche Beantwortung in verschiedener Hinsicht sowie auf unterschiedlichen Wegen für selbstdifferenzierende Aufgaben charakteristisch [Le12]. Eine selbstdifferenzierende Aufgabe ist bezüglich der Begabtenförderung dem Enrichment [KB20] zuzuordnen. Im Kontext der Unterscheidung zwischen quantitativer und qualitativer Differenzierung kann festgehalten werden, dass eine selbstdifferenzierende Aufgabe keiner Zuordnung bedarf, da jene beide Ideen in sich umsetzen kann. Neben der bereits erfolgten Erkenntnis, dass eine niveaudifferente und so auch qualitativ unterscheidbare Bearbeitung möglich zu sein scheint, soll hier für die selbstdifferenzierende Aufgabe die Möglichkeit einer mehrfachen Bearbeitung in Form des Erarbeitens mehrerer Lösungen, wobei sich jene ausdrücklich in der zugrundeliegenden Herangehensweise unterscheiden können und sollen, als Schlüssel zur Tür der quantitativen Differenzierung herausgestellt werden. Auch die Dokumentation des Lösungswegs kann sich nach den Wünschen des Lernenden richten [HP07]. Erhalten wird ein gemeinsamer Denk- und Aneignungsweg [Le12]. Dabei ist das Bearbeiten der Aufgabe als gemeinsamer Erfolg zu erleben, für den alle verantwortlich sind und zu dem ein jeder beigetragen hat [ebd.]. Zudem kann auch innerhalb einer selbstdifferenzierenden Aufgabe eine bezüglich Umfang und Art unterschiedliche Unterstützung durch die Lehrkraft umgesetzt werden [HP07]. Diese Unterstützung der Lehrkraft ist in Arbeitsphasen grundsätzlich üblich. Bei selbstdifferenzierenden Aufgaben muss diese allerdings nicht nur auf der inhaltlichen Ebene angreifen, sondern auch bei der Wahl des eigenen Weges der Bearbeitung der Aufgabe auf der Grundlage der inneren Begebenheiten als individuelle Lernvoraussetzungen zuträglich einwirken [FLH18]. Eine Beratung beim Lernen durch die Lehrkraft wird erforderlich [ebd.].

Die Offenheit einer selbstdifferenzierenden Aufgabe benötigt eine hinreichend komplexe Problemstellung [Le12], denn nur so können verschiedene Wege und unterschiedliche Antworten überhaupt möglich sein. Jene komplexe Ausgangslage ist daher als notwendige Bedingung einer selbstdifferenzierenden Aufgabe zu betrachten. Solch eine Komplexität liegt aber nicht in einem zwingend hohen Anforderungsniveau. Vielmehr geht es um eine Vielzahl von Einflussfaktoren und Perspektiven. Förderlich – besonders im Hinblick auf die Idee des gemeinsamen Ziels aller – ist das Aufgreifen dieser komplexen Problemstellung durch ein passendes und motivierendes Narrativ [ebd.]. Weiterhin sei angemerkt, dass die Aufgabe selbst nicht zwangsläufig komplex sein muss. Wünschenswert erscheint im Kontext der Zugänglichkeit vielmehr eine möglichst überschaubare Komplexität.

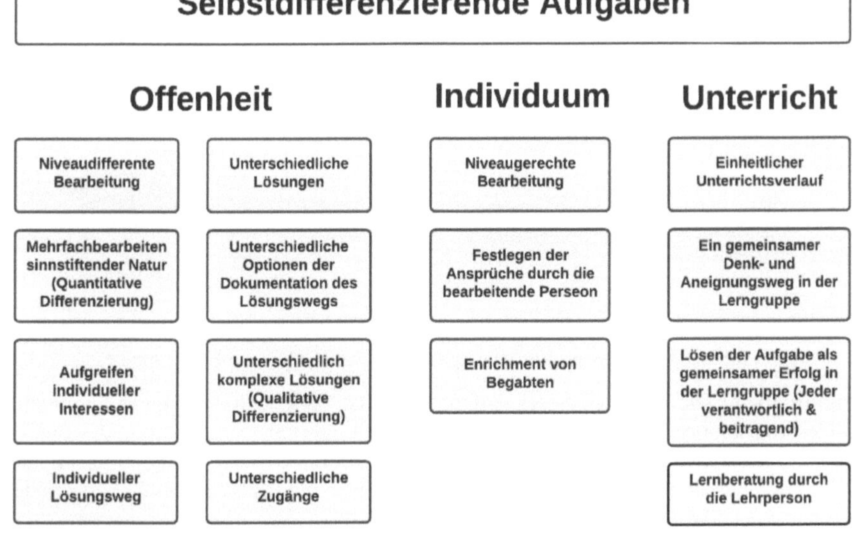

Abb. 2: Selbstdifferenzierende Aufgaben [eigene Darstellung]

Eine Intention des Beitrages ist, konkrete Ansätze dafür aufzuzeigen, wie eine selbstdifferenzierende Aufgabe konzipiert werden kann (s. Abb. 3). Die Abbildung soll als Impuls wahrgenommen werden und greift viele der im vorliegenden Beitrag genannten Aspekte auf. In diesem Kontext ist das Erfüllen aller Aspekte nicht zwingend erforderlich. Inwieweit diese erfüllt werden, kann aber Auskunft über den Grad an Selbstdifferenzierung einer Aufgabe geben.

4 Aufgabenbeispiel „Besiege das Labyrinth!"

Wir untersuchen aus dem niedersächsischen Kerncurriculum (KC) für das Fach Informatik für die Sekundarstufe I das Lernfeld „Algorithmisches Problemlösen" [NI14]. Bei der Konzeption einer exemplarischen Aufgabe, bestehend aus zwei für sich genommen selbstdifferenzierenden Teilaufgaben (s. Abb. 3), werden didaktische Konzepte der Informatik mit den erarbeiteten Aspekten der Konstruktion von selbstdifferenzierenden

Aufgaben (s. Abb. 2) vernetzt. Hierbei soll ergänzend auf die Qualitätskriterien für Aufgaben [BHP14] eingegangen werden und die Aufgabe nach Ruf et al. [RBH13] klassifiziert werden. Dabei setzen wir am *Use-Modify-Create*-Lehrkonzept nach [Le11] an und konzipieren die Aufgabenteile auf verschiedenen Ebenen. Die erste Teilaufgabe (a) bezieht den Aspekt „Modify" (Programme werden verändert, angepasst und optimiert) ein, der zweite Aufgabenteil (b) bewegt sich auf der „Create"-Ebene (Programmieren eigener Ideen). Beide Teilaufgaben werden mit der visuellen Programmiersprache *Scratch* umgesetzt.

Abb. 3: Aufgabenbeispiel „Besiege das Labyrinth" [eigene Darstellung][4]

Teilaufgabe a: Die Kernidee dieses Aufgabenteils ist, dass die Schülerinnen und Schüler fertige Programmcodes zu dem Spiel „Besiege das Labyrinth!" optimieren. Das Spiel ist so entworfen worden, dass alle Programmcodes funktionieren, aber nicht optimal angelegt sind. Die Lernenden sollen die Programmcodes modifizieren und verschiedene Optimierungsmöglichkeiten finden.

Teilaufgabe b: Die zweite Teilaufgabe ist auf der „Create"-Ebene anzusiedeln. Die Schülerinnen und Schüler sollen hier selbst kreativ werden und eigene Elemente in das Spiel einfügen. Dabei werden keine Bedingungen oder Voraussetzungen gegeben, wodurch eine weitreichendere Offenheit der Teilaufgabe gewährleistet wird. Es ist hierbei nicht entscheidend, ob sich am bestehenden Programm orientiert wird oder unabhängig davon neue Elemente eingefügt werden. Die bestehenden Programmcodes aus Teilaufgabe a können für die Schülerinnen und Schüler auch gleichermaßen als Unterstützung dienen.

Nun soll beispielhaft für Teilaufgabe a gezeigt werden, welche Arten von Optimierungsmöglichkeiten umgesetzt werden können. Abbildung 4 zeigt ein Beispiel, in dem der Programmcode aus einer Aneinanderreihung von mehreren, sich wiederholenden Sequenzen besteht. Die gewünschte Funktion wird zwar erfüllt (für die ersten n-Male), ist aber nicht die effektivste Lösung und endet ungewollt nach dem n-ten Durchlauf. Hier ist eine Optimierung mit einer Schleife möglich.

---

[4] Abbildung „Lets Code" unter: https://www.pikpng.com/pngvi/bJwbhh_logo-lets-code-hour-of-code-clipart/ (abgerufen am 22.03.2022).

Abbildung 4: Spielausschnitt Programmcodes optimieren – Mit dem rechten Programmcode läuft die Figur mit einer fortlaufenden Schleife

Abbildung 5 zeigt ein Beispiel, in dem der Programmcode so optimiert werden soll, dass die gewünschte Funktion in jeder Situation erfüllt wird. In einem vorgegebenen Programmcode wird die Figur nach Berührung des Objektes („Krabbe 1") in das Gefängnis versetzt. Da die Figur nur die vorgegebenen Koordinaten verfolgt, kann sie nicht mehr im Gefängnis landen, sobald man dieses auf der Bühne verschiebt. Die Lernenden sollen den Programmcode so modifizieren, dass die Figur immer zum Gefängnis findet. Weitere Ideen zur Konstruktion von Programmen, die optimiert werden können aus unserer Aufgabe sind: das Einbauen von Variablen, die keinen Nutzen haben; das Hintereinandersetzen von mehreren Anweisungen, die mit einer Anweisung das Gleiche machen; Anweisungen, die an sich den Programmcode nicht verändern; bei verschiedenen Objekten die gleiche Anweisung einbauen, obwohl eine Anweisung in einem Objekt reichen würde. Selbstverständlich sind noch weitere Optimierungsmöglichkeiten denkbar, das konzipierte Aufgabenbeispiel erhebt nicht den Anspruch auf Vollständigkeit.

 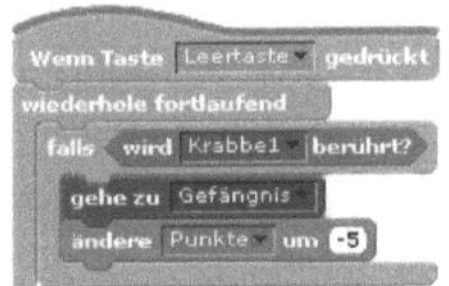

Abbildung 5: Spielausschnitt Programmcodes optimieren – Mit dem rechten Programmcode geht die Figur auch zu dem Gefängnis, wenn man das Objekt auf der Bühne verschiebt

Die Lernaufgabe soll erst im Unterricht eingesetzt werden, wenn die entsprechenden Inhalte (z.B. Schleifen, Variablen) im Vorfeld behandelt worden sind. Alle Schülerinnen und Schüler arbeiten an derselben Aufgabe (Teilaufgabe a und b) und beschreiten je einen gemeinsamen Denk- und Aneignungsweg, können aber selbst Umfang, Tiefe und Schwerpunkt der Bearbeitung wählen. Dies gilt zum einen bezüglich der Teilaufgaben an sich, da hier entschieden werden kann, welche Optimierungsmöglichkeiten wahrgenommen oder welche neuen Elemente hinzugefügt werden sollen. Zum anderen können zwischen den beiden Aufgabenteilen Schwerpunkte gesetzt werden. Jedoch sollte beachtet werden, dass beide Aufgabenteile ausreichend bearbeitet werden, um eine Weiterarbeit zu ermöglichen und die Kompetenzen in beiden Bereichen hinreichend zu fördern. Bei der ersten Teilaufgabe ist es nicht das Ziel, dass jede:r Lernende alle Optimierungsmöglichkeiten findet. Teilweise gibt es auch verschiedene Möglichkeiten der Optimierung, sodass ein eindeutiger Lösungsweg nicht gegeben ist. Die Lernenden sollen sich mit den gegebenen Programmcodes auseinandersetzen und eigene Lösungsmöglichkeiten entwickeln. Hierbei müssen diese zunächst die Programmcodes nachvollziehen. Danach können die Lernenden mit ihrem Vorwissen und ihren Kenntnissen auf die Programmcodes eingehen und Optimierungsansätze hervorbringen. Die Aufgabe ist insofern als selbstdifferenzierend zu klassifizieren, als dass eine Bearbeitung auf verschiedenen Niveaustufen mit unterschiedlichen Lösungswegen erfolgen kann und alle Schülerinnen und Schüler das gleiche Ziel verfolgen (innere Differenzierung mit einheitlichem Unterrichtsverlauf). Bei der zweiten Teilaufgabe ergibt sich das selbstdifferenzierende Potenzial aus der weitreichenderen Offenheit. Hier können die Schülerinnen und Schüler in ihrem Tempo arbeiten und die Tiefe der Bearbeitung selbst wählen. Die Aufgabe kann auf unterschiedlichen Niveaustufen gelöst werden, wobei die Art der Bearbeitung maßgeblich von Vorwissen und Befähigung abhängt. So ergibt sich eine Vielzahl von individuellen Lösungswegen, die später aufgegriffen und thematisiert werden können. Obwohl wir die Aufgabe für die Einzelarbeit geplant haben, könnte hier die Sozialform variiert werden, sodass auch eine Partnerarbeit möglich wäre. Durch eine Besprechung der Aufgabe in der Sicherungsphase könnten die verschiedenen Ansätze besprochen werden, um allen Schülerinnen und Schülern die Optionen der Bearbeitung aufzuzeigen, sodass sie hier explizit auch voneinander lernen.

Die Aufgaben können nicht nur in das „*Use-Modify-Create*"-Modell eingeordnet werden, sondern auch in die Aufgabentypen der frühen Programmierung nach Ruf et al. [RBH15]. Demnach kann man die erste Teilaufgabe unter „Optimize the given solution" [RBH15] einordnen. Die Lösung zu einem Problem (in unserem Fall ein Spiel) ist gegeben und soll verbessert werden. Die zweite Teilaufgabe fällt unter „Adjust or extend the given solution to the problem" [RBH15], da hier die gegebene Grundlage erweitert werden soll. Außerdem erfüllt die konzipierte Aufgabe verschiedene Qualitätsmerkmale nach Brichzin et al. [BHP14]. So werden bspw. sowohl inhalts- als auch prozessbezogene Kompetenzen aus dem Kerncurriculum [NI14] und den Bildungsstandards Informatik für die Sekundarstufe I [GI08] in der Aufgabe gefördert. Die Aufgabe bewegt sich im Lernfeld „Algorithmisches Problemlösen" [NI14], da die Schülerinnen und Schüler einen gegebenen Algorithmus interpretieren und ausführen, eigene Algorithmen entwerfen und die Korrektheit eines Algorithmus systematisch testen [ebd.].

5 Diskussion und Fazit

Zunächst soll an dieser Stelle aufgegriffen werden, dass auch selbstdifferenzierende Aufgaben ihre Schwierigkeiten und Grenzen haben. Hier ist zum Beispiel die Sicherung eines Mindestanforderungsniveaus zu nennen [LP17b]. So ist auch bei den konzipierten Aufgaben die Formulierung eines Mindestanforderungsniveaus schwierig, da ein hoher Grad an Offenheit vorliegt und die Schülerinnen und Schüler selbst bestimmen können, in welcher Tiefe sie die Aufgabe bearbeiten. Zudem sind selbstdifferenzierende Aufgaben nur in ausgewählten Unterrichtsphasen und bei ausgewählten Lerninhalten geeignet.

Beispielsweise eignen sich offenere Themen mit unterschiedlichen Herangehensweisen wie Konzepte besser als geschlossenere Themen mit eindeutigem Ansatz wie Fachbegriffe. Für einen in diesem Sinne geeigneten Lerninhalt haben wir die zusammengetragenen Aspekte (vgl. Abschnitt 2 und 3) bei der Konzeption berücksichtigt. Dabei muss jedoch beachtet werden, dass nicht alle Aspekte in gleichem Maße aufgegriffen wurden (s. Abb. 2). Auch ist der Ansatz ein Programm zu optimieren (Teilaufgabe a) nicht vollkommen offen, da die Lernenden theoretisch diese Teilaufgabe „vollständig" bearbeiten können. Eine weitreichendere Offenheit wird aber in Teilaufgabe b geboten. Zudem ist anzumerken, dass die Umsetzungsmöglichkeiten mit der visuellen Programmiersprache beschränkt sind, sodass Grenzen bei der Konstruktion der ersten Teilaufgabe sowie bei deren Bearbeitung in Form der möglichen Optimierungsmöglichkeiten festzuhalten sind.

Ein Ziel dieser Arbeit ist es, eine selbstdifferenzierende Lernaufgabe für die frühe Programmierung vorzustellen. Bei der Optimierung und der Erweiterung des Spiels werden jedoch bestimmte Inhalte vorausgesetzt (z.B. Schleifen, Variablen). Dass dennoch von früher Programmierung gesprochen werden kann, lässt sich u. a. mit der visuellen Programmiersprache (in der Sekundarstufe I), die nach dem Spiralcurriculum nach Bruner vor der textbasierten Programmiersprache (in der Sekundarstufe II) stehen soll, begründen.

Trotz der genannten Einschränkungen konnten wir zwei selbstdifferenzierende Teilaufgaben zu einem Lerninhalt konstruieren. Diese tragen die in den vorherigen Abschnitten erläuterten Vorteile in sich. Der Einsatz selbstdifferenzierender Aufgaben ist vor dem Hintergrund der herausgestellten Potenziale daher auch in anderen *Lernfeldern* der Informatik [NI14] anzustreben.

Literaturverzeichnis

[BHP14] Brichzin, P.; Humbert, L.; Puhlmann, H.: Aufgabenkultur im Schulfach Informatik. In: LOG IN 34/1, S. 27–32, 2014.

[BI14] Bildungsportal des Landes Nordrhein-Westfalen: Kinder und Jugendliche in ihrer Vielfalt fördern / Modul 3 – Didaktik. Vielfalt fördern. Ein Kooperationsprojekt des Ministeriums für Schule und Weiterbildung NRW und der Bertelsmann Stiftung, 2014. Verfügbar unter: https://www.lehrerfortbildung.schulministerium.nrw.de/Fortbildung/Vielfalt-fördern-NRW/Fortbildungsinhalte/ (24.03.2022).

[BLK97] Bund-Länder-Kommission für Bildungsplanung und Forschungsförderung: Gutachten zur Vorbereitung des Programms „Steigerung der Effizienz des mathematisch-naturwissenschaftlichen Unterrichts". In: Materialien zur Bildungsplanung und zur Forschungsförderung, 60, Bonn, 1997.

[FLH18] Flöcker, F.; Leuders, T.; Holzäpfel, L.: Die selbstdifferenzierende Aufgabe als Form der Differenzierung im Mathematikunterricht. In: Fachgruppe Didaktik der Mathematik der

Universität Paderborn. (Hrsg.), Beiträge zum Mathematikunterricht. Münster: WTM Verlag, S. 541–544, 2018.

[GI08]   Gesellschaft für Informatik e.V.: Grundsätze und Standards für die Informatik in der Schule. Bildungsstandards Informatik für die Sekundarstufe I, Beilage zu LOG IN 150/151, 2008.

[GTH19]   Geldreich, K.; Talbot, M.; Hubwieser, P.: Aufgabe ist nicht gleich Aufgabe- Vielfältige Aufgabentypen bewusst in Scratch einsetzen. In: Pasternak, A. (Hrsg.), Informatik für alle. Bonn, S. 171–190, 2019.

[HP07]   Hußmann, S.; Prediger, S.: Mit Unterschieden rechnen – Differenzieren und Individualisieren. In: Praxis der Mathematik in der Schule (PM), 49 (17). Köln, S. 1–8, 2007.

[KB20]   Käpnick, F.; Benölken, R.: Mathematiklernen in der Grundschule. 2. Auflage, Springer, Berlin, 2020.

[Le11]   Lee, I.; Martin, F.; Denner, J.; Coulter, B.; Allan, W.; Erickson, J.; Malyn-Smith, J.; Werner, L.: Computational thinking for youth in practice. ACM Inroads 2/1, S. 32, 2011.

[Le12]   Leutnant, S.: Selbstdifferenzierende Aufgabenformate im kompetenzorientierten Unterricht. In: Haushalt in Bildung & Forschung 1/3, S. 65-76, 2012.

[LP17a]   Leuders, T., & Prediger, S.: Flexibel differenzieren erfordert fachdidaktische Kategorien. In J. Leuders, T. Leuders, S. Prediger, & S. Ruwisch (Hrsg.), Mit Heterogenität im Mathematikunterricht umgehen lernen: Konzepte und Perspektiven für eine zentrale Anforderung an die Lehrerbildung. Wiesbaden: Springer Fachmedien. S. 3-16, 2017.

[LP17b]   Leuders, T., & Prediger, S.: Flexibel differenzieren und fokussiert fördern im Mathematikunterricht. Berlin: Cornelson Verlag GmbH, S.17, 2017.

[Me04]   Meyer, H.: Was ist guter Unterricht? (15. Auflage). Cornelsen Verlag, Berlin, 2004.

[NI14]   Niedersächsisches Kultusministerien: Kerncurriculum für die Schulformen des Sekundarbereichs I Schuljahrgänge 5 – 10. Informatik, 2014.

[PH14]   Park, C. J.; Hyun, J. S.: Effects of abstract thinking and familiarity with programming languages on computer programming ability in high schools. In: 2014 International Conference on Teaching, Assessment and Learning (TALE2014). IEEE, Piscataway, NJ, S. 468–473, 2014.

[RBH15]   Ruf, A.; Berges, M.; Hubwieser, P.: Classification of Programming Tasks According to Required Skills and Knowledge Representation. In (Brodnik, A.; Vahrenhold, J., Hrsg.): Informatics in Schools. Springer, Heidelberg, S. 57–68, 2015.

[Si19]   Sill, H-D.: Grundkurs Mathematikdidaktik. Schöningh, Paderborn, 2019.

[SW17]   Sentance, S.; Waite, J.: PRIMM: Exploring pedagogical approaches for teaching text-based programming in school. In (Barendsen, E.; Hubwieser, P., Hrsg.): Proceedings of the 12th Workshop on Primary and Secondary Computing Education. ACM Press, New York, USA, S. 113-114, 2017.

Virtuell-enaktives Erkunden von Verfahren des maschinellen Lernens

Kerstin Strecker[1]

Abstract: In diesem Beitrag wird eine methodische Zugangsweise zum Erkunden von Verfahren des maschinellen Lernens und der Analyse einer konkreten Implementierung beschrieben. Es wird an drei Beispielen skizziert, wie Verfahren des maschinellen Lernens didaktisiert und in Scratch implementiert werden können, um Schüler:innen zu ermöglichen, sie wie eine interaktive Simulation nutzen und Konzept des Verfahrens und konkrete Umsetzung erkunden zu können.

Keywords: Repräsentationsebenen, maschinelles Lernen, interaktive Simulation, Programmieren mit Scratch

1 Einleitung

Maschinellem Lernen wird für Forschung und Lernen, Wirtschaft, soziales Leben, Kultur und Politik eine immer stärkere Bedeutung zugesprochen. Folglich scheint das Thema auch im Informatikunterricht der Schule immer mehr Eingang zu finden, um Kenntnisse, Fertigkeiten und Erfahrungen auf Gebieten zu vermitteln, die den späteren mündigen Bürger:innen eine verständige Teilhabe am gesellschaftlichen und politischen Diskurs ermöglichen. Die Fachdidaktik Informatik steht also vor der Aufgabe, eine didaktisch reduzierte Auswahl von Fachinhalten und Fragestellungen, die dem Anspruch der Allgemeinbildung genügen müssen, aus dem Bereich des maschinellen Lernens begründet auszuwählen und heterogenen Lerngruppen auf unterschiedlichen Wegen zugänglich zu machen. Wir wollen in unserem Beitrag drei Verfahren aus dem unüberwachten Lernen, dem überwachten Lernen und dem verstärkenden Lernen didaktisch aufbereitet für die Sekundarstufe 1 präsentieren.

In diesem Artikel soll vor allem die Heterogenität der Lerngruppen in den Blick genommen werden. Der Heterogenität der Schüler:innen kann durch innere Differenzierung auf unterschiedlichste Weise begegnet werden, z.B. durch Differenzierung bzgl. Hilfestellungen, Leistungsdifferenzierung oder indem unterschiedliche mögliche Wege oder Zugangsweisen zu Inhalten ermöglicht werden (vgl. [Kr19]). Bruner [Br88] hat drei Repräsentationsebenen (enaktiv, ikonisch, symbolisch) eines Sachverhalts definiert, in denen wir eine Möglichkeit für verschiedene Zugänge sehen. Hartmann et al. [HNR07] betonen die Relevanz der verschiedenen

[1] Georg-August Universität Göttingen, Institut für Informatik, Forschungsgruppe Didaktik der Informatik, Goldschmidtstr. 7, 37077 Göttingen. Email: kerstin.strecker@informatik.uni-goettingen.de

Repräsentationsebenen für den Informatikunterricht und ergänzen u.a. die virtuell-enaktive Ebene. Nach Hartmann et al. meint die enaktive Repräsentation das „Erfassen von Sachverhalten durch eigenes Tun", die ikonische Repräsentation die Darstellung von Sachverhalten durch Bilder oder Visualisierungen und die symbolische Repräsentationsebene das „Erfassen von Sachverhalten durch Symbole (Text, Zeichen, etc.)" [HNR07]. Bereiten wir ein Konzept oder Verfahren des maschinellen Lernens didaktisch so auf, dass wir jeweils unterschiedliche Repräsentationsebenen (enaktiv, ikonisch, symbolisch) fokussieren, schaffen wir unterschiedliche Zugänge zu dem Sachverhalt und damit eine Möglichkeit der inneren Differenzierung. Beispiele für enaktive Zugänge zu Verfahren des maschinellen Lernens finden sich z.B. in [SLR19]. Auch ikonische Darstellungen eignen sich sehr gut für dieses Thema, wobei die Anzahl der Dimensionen im Sinne der Darstellbarkeit reduziert werden muss. Und auch das Umsetzen eigener Ideen bei der Implementierung von Verfahren des maschinellen Lernens in einer Lernumgebung wie Scratch begrüßen wir ausdrücklich und haben z.B. in [St20] und [St22] dazu Vorschläge gemacht. Die Implementierung von Verfahren des maschinellen Lernens würden wir u.a. einer symbolischen Ebene zuordnen. Dazu schreiben Hartmann et al.: „Symbolische Darstellungen […] eigenen sich insbesondere, wenn man von einem Thema bereits eine zutreffende intuitive Vorstellung hat" [HNR07]. In der Informatik spielt die virtuell-enaktive Ebene ebenfalls eine Rolle. „Die enaktiven Vorgänge werden durch Manipulationen von Objekten in einer computergestützten Umgebung simuliert" [HNR07]. In diesem Artikel wollen wir einen virtuell-enaktiven Zugang zu Verfahren des maschinellen Lernens an drei Beispielen aufzeigen. Wir wollen aber nicht nur das konkrete Verfahren an sich virtuell-enaktiv erfahrbar machen, sondern haben uns bewusst für eine Umsetzung einer Simulation in Scratch entschieden, weil wir noch einen Schritt weiter gehen wollen. Die Verfahren sollen nicht nur auf abstrakter Ebene virtuell-enaktiv (be-)greifbar werden, sondern die konkrete Implementierung soll ebenfalls erkundet und analysiert werden können. Die Schüler:innen implementieren die Verfahren zwar nicht selbstständig, sie vollziehen aber die gegebenen Implementierungen nach, was geeignete Didaktisierungen der Umsetzungen in einer bekannten Sprache voraussetzt. Damit erzeugen wir bei den Schüler:innen hoffentlich das Zutrauen, der Implementierung der konkreten Verfahren „gewachsen" zu sein, sie prinzipiell bewältigen zu können. Durch das Zutrauen in den/die Schüler:in, den Code analysieren zu können, stärken wir das Schüler-Ich, eine wesentliche Aufgabe allgemeinbildender Schulen nach Heymann [He96], [Wi03]. Außerdem ebnen wir den Weg zum selbstständigen Implementieren eigener Ideen.

2   Methodisches Vorgehen

Mit unserer Zugangsweise konzentrieren wir uns auf jene Schüler:innen einer Lerngruppe, die Schwierigkeiten haben, ein vorgegebenes (didaktisch reduziertes) Verfahren des maschinellen Lernens in einer Programmierumgebung selbstständig zu rekonstruieren. Gleichzeitig wollen wir aber nicht nur ein abstraktes Verständnis für die Funktionsweise von Verfahren des maschinellen Lernens schaffen, sondern zusätzlich vermitteln, dass die Schüler:innen prinzipiell eine Implementierung bewältigen können. In unserer methodischen Variante des virtuell-enaktiven Erkundens wird jeweils zunächst in Einzel- oder Partnerarbeit ein bestehendes Scratch-Programm vor dem Hintergrund eines Kontextes oder einer Geschichte erkundet, indem es zunächst wie eine interaktive Simulation genutzt wird. Dabei nehmen die Schüler:innen zunächst eine beobachtende Rolle ein bzw. lösen interaktiv angeleitet Aktionen aus und beobachten die Reaktionen (Schritt 1). Durch die Simulation kann bereits die Funktionalität einer konkreten Umsetzung eines didaktisierten Verfahrens aus dem Bereich des maschinellen Lernens an sich erkundet und erarbeitet werden. Andererseits sind die Verfahren aber jeweils so geeignet didaktisiert, dass der Scratch-Programmcode ebenfalls durch geeignete Aufgabenstellungen niedrigschwellig erkundet und nachvollzogen werden kann. Im zweiten Schritt führen die Schüler:innen die Simulation also erneut durch und entdecken, wie im Programmcode auf ihre Eingaben reagiert wird. Danach werden sie angehalten herauszufinden, in welchen Bereichen es sich im Programmcode um Scratchspezifische Visualisierungen handelt und wo ein grundsätzliches Konzept zu finden ist. Im letzten Schritt kann das entdeckte Konzept lehrergeleitet mit der gesamten Teillerngruppe besprochen und weiter geschärft werden. Sind die Verfahren an sich noch unbekannt, können die gemachten Erfahrungen gemeinsam mithilfe einer visuellen Vorgabe abstrahiert und so das grundsätzliche Prinzip eines Verfahrens des maschinellen Lernens erarbeitet werden. Visuelle Darstellungen finden sich z.B. in [SMR20]. Für diese Teil-Lerngruppe bewegen wir uns also vom Konkreten zum Abstrakten und nutzen methodisch das entdeckende Lernen, bei dem nach [HNR07] explizit Aspekte wie selbstständiges Arbeiten, Kreativität und kritische Reflexion berücksichtigt werden.

3   k-Means-Clustering als Beispiel für unüberwachtes Lernen

3.1   Nutzen der interaktiven Simulation im Kontext einer Geschichte

In dieser Simulation geht es um die Suche nach geeigneten Bauplätzen für Bäckereifilialen in einem Neubaugebiet. Dazu können die Schüler:innen, nachdem die grüne Fahne angeklickt wurde, mit Betätigung der Leertaste einmalig mehrere Häuser zufällig auf der Bühne verteilen, ein sogenanntes „Neubaugebiet". Bei jedem Programmstart werden also andere „Neubaugebiete" erzeugt. Danach sollen sie für die Einwohner:innen drei Bäckereifilialen der gleichen Kette bauen. Sie können die Bäckereien per Maus zu einem Ort schieben oder sie mit der Taste „z" an zufälligen Orten errichten (Abbildung 1 links). Aber sind die Standorte der Bäckereien klug gewählt? Welcher Einwohner würde zu welcher Filiale gehen? Mit der Taste „f" färben sich die Häuser entsprechend der nächstgelegenen Bäckerei (Abbildung 1 rechts). Nun sind die Kunden der Filiale identifiziert. Aber kann die Bäckerei für die identifizierten Kunden noch günstiger liegen? Mit der Taste „v" verschiebt sich der geplante Standort der Bäckerei so, dass die gleichfarbigen Häuser möglichst alle günstig zur Bäckerei stehen, die Bäckerei also irgendwie im Zentrum der gleichfarbigen Häuser liegt

(Abbildung 2 links). Die Frage ist dann, ob durch das Verschieben der Bäckereifilialen manche Einwohner jetzt einen kürzeren Weg zu einer anderen Filiale haben und wechseln. Mit der Taste „f" kann wieder neu gefärbt werden. Das zieht wiederum ein Verschieben der Filialen nach sich. Die Schüler:innen betätigen also abwechelnd die Tasten „f" und „v" so oft, bis keine Veränderungen mehr zu beobachten sind (Abbildung 2 rechts). Jetzt stehen die Bäckereien optimal.

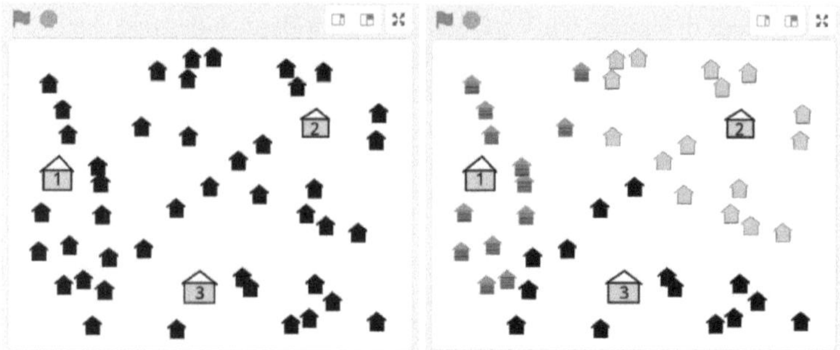

Abbildung 1 : zufällige Häuser & erste Ideen für Bäckereistandorte, sowie Zustand nach färben(f)

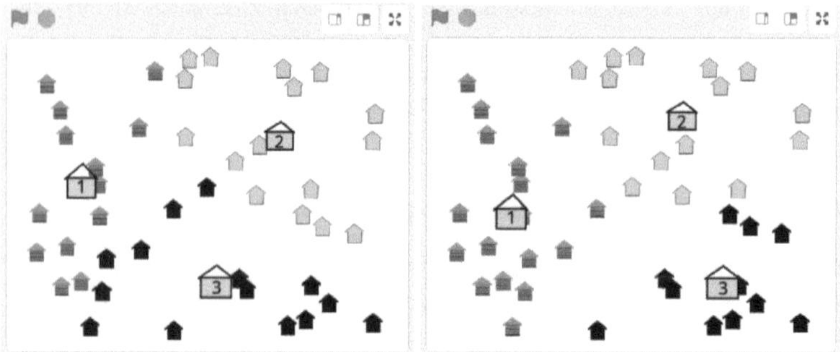

Abbildung 2: Zustand nach einmal färben(f) und verschieben(v) und Endzustand

3.2 Programmcode erkunden und Umsetzung von Konzepten erkennen

Beim Entstehen der Häuser als Klone wird deren x-Position in einer Liste („HausX"), die y-Position in einer anderen Liste („HausY") und der Eintrag „0" in einer dritten Liste „ZuordnungHausBaeckerei" abgelegt. In der dritten Liste steht später die aktuelle Zuordnung zu der nächstgelegenen Bäckerei. Häuser werden nur erstellt, wenn x- und y-Position noch nicht in den entsprechenden Listen enthalten sind. Jedes Haus kann also über seine x-Position in der Liste gefunden werden. Über den Index in der Liste können die Einträge der Listen eindeutig miteinander verknüpft werden. Den Listenindex erfährt man beispielsweise, wenn man ein Haus anklickt. Das Haus-Objekt hat vier Kostüme in den Farben Rot (hier gestreift), Grün (hier hell), Blau (hier dunkel) und Schwarz. Dies alles sind programmtechnische Umsetzungen, die den Schüler:innen als Hintergrundinformation auch transparent gemacht werden können.

Beim Erkunden des Programmcodes sollen sie auf zwei wesentliche Codefragmente stoßen, die später verallgemeinert werden können. Erstens das Färben der Häuser (Abbildung 3) und zweitens das Verschieben der Bäckereien.

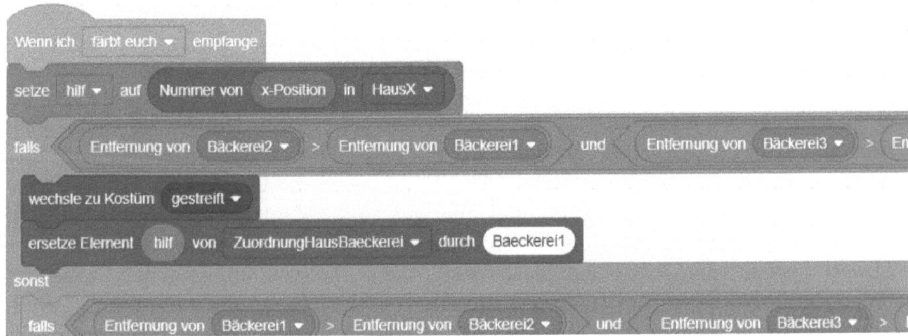

Abbildung 3: Färben der Häuser

Die Schüler:innen sollen erkennen, dass sich die Häuser in der Farbe entsprechend der nächstgelegenen Bäckerei färben und diese Information in die Liste „ZuordnungHausBaeckerei" aufgenommen wird. Beim Verschieben der Bäckerei wird jeweils der Mittelwert aller x- und y-Positionen der zugeordneten Häuser als neuer Standort gewählt. Dazu wird für jede Bäckerei die Liste „ZuordnungHausBaeckerei" durchlaufen. Entsprechen die Einträge der jeweiligen Bäckerei, werden die x-Positionen und y-Positionen zur jeweiligen Summe („SummeX", bzw. „SummeY") hinzuaddiert und die Anzahl um Eins erhöht. Am Ende werden „SummeX" und „SummeY" jeweils durch diese Anzahl geteilt und die Bäckerei hierhin verschoben.

3.3   Ziele

Es sollen folgende Unterrichtsziele erreicht und lehrerangeleitet aus den gemachten Erfahrungen der Schüler:innen in den Schritten 1 und 2 abstrahiert werden:

A. Das Ziel von k-Means-Clustering ist, einen Datensatz so in k Cluster zu teilen, dass die Entfernung der Daten zu ihren Cluster-Schwerpunkten minimal ist. Startpunkte müssen geeignet gewählt werden.

B. k-Means-Clustering ist ein Verfahren des unüberwachten Lernens. Beim unüberwachten Lernen werden Muster in den Daten erkannt. (Geeignet visualisiert wurde dies Prinzip von Seegerer et al. [SMR20].)

C. Die Schüler:innen erkennen, dass die Umsetzung des Verfahrens in Scratch nachvollziehbar ist und nur bekannte Strategien und Befehle verwendet. Bei

99

den Schüler:innen entsteht das Zutrauen, eine Implementierung des Verfahrens prinzipiell bewältigen zu können.

4 k-nächste Nachbarn als Beispiel für ein Verfahren des überwachten Lernens

4.1 Nutzen der interaktiven Simulation im Kontext einer Geschichte

Der Kontext ist der Kauf eines Hundemantels für den eigenen Hund. Der Einfachheit halber gibt es in dem Geschäft nur drei Größen. Kunden haben ihre bisherigen Einkäufe notiert, an denen man sich orientieren kann. Dazu haben die Kunden die Schulterhöhe des Hundes, dessen Rückenlänge und die gewählte Mantelgröße jeweils in drei verschiedenen Listen notiert. Eine Zuordnung der Listeneinträge kann über den Index realisiert werden, der den Hund identifiziert. Listen können in Scratch 3 importiert werden. In unserem Beispiel sind die Listen bereits beim Laden des Programms gefüllt und besitzen damit immer dieselben Einträge. Bei Klick auf die grüne Fahne werden die Datenpunkte angezeigt (Abbildung 4 links). Dabei wird die Position des Datenpunkts über Rückenlänge und Schulterhöhe bestimmt, die Farbe signalisiert das dritte Merkmal, die gewählte Mantelgröße. Jetzt können die eigenen Daten, das schwarze Kreisobjekt „MeineDaten", mit der Maus auf dem Punkt platziert werden, der die Schulterhöhe und Rückenlänge des eigenen Hundes angibt. Wird dann die Leertaste betätigt, nennt das Objekt die Farben seiner fünf nächsten Nachbarn, färbt sich selbst entsprechend der Mehrheit der Nachbarfarben (Abbildung 4 rechts) und liefert so einen Größenvorschlag für den Hundemantel. Das Objekt kann immer wieder an anderen Positionen platziert werden und mit Betätigung der Leertaste entsprechend der fünf nächsten Nachbarn gefärbt werden.

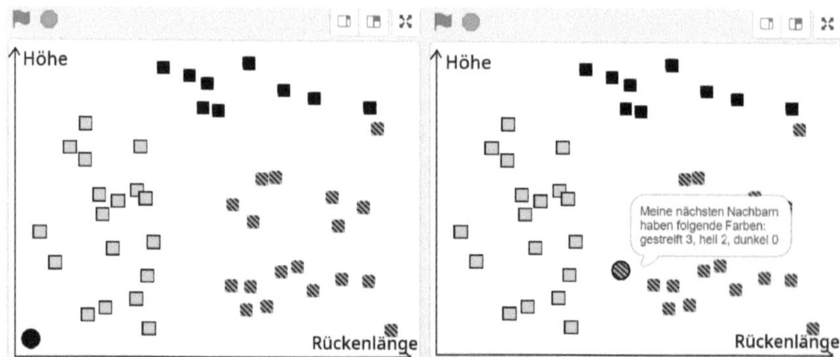

Abbildung 4 : Datenpunkte nach Start der Simulation und Positionierung des Objekts „MeineDaten"

4.2 Programmcode erkunden und Umsetzung von Konzepten erkennen

Zunächst kann die Visualisierung der Datenpunkte erkundet werden, was für das eigentliche Verfahren nicht wesentlich ist, aber den Umgang mit den Listen zeigt und die Zuordnung zur Farbe transparent macht. Bei Betätigung der Leertaste aktualisieren die Datenpunkte (Klone) ihre Entfernung zum Objekt „MeineDaten" in einer vierten Liste „Entfernung" (Abbildung 5). Alle Listen sind über den Index miteinander verknüpfbar. Der Rest des zu entdeckenden Programmcodes wird im Folgenden kurz skizziert: Es gibt drei Variablen: „AnzahlGestreift", „AnzahlHell" und „AnzahlDunkel". Es wird fünfmal ein Block aufgerufen, der jeweils das Minimum in der Liste der Entfernungen sucht, über den Index in der Liste „Mantelgroesse" die Farbe zuordnet, den entsprechenden Variablenwert (s.o.) um Eins erhöht und den entsprechenden Listeneintrag in der Liste „Entfernung" auf 10000 setzt, damit das nächste Minimum gefunden werden kann. Dann wechselt der Datenpunkt „MeineDaten" sein Kostüm. Ist die Anzahl gestreifter Nachbarn größer als die Anzahl heller und dunkler Nachbarn, wechselt er zu gestreift. Ist die Anzahl heller Nachbarn größer als die Anzahl gestreifter und dunkler Nachbarn, wechselt er zu hell. Ist die Anzahl dunkler Nachbarn größer als die Anzahl gestreifter und heller Nachbarn, wechselt er zu dunkel. Sonst bleibt er schwarz.

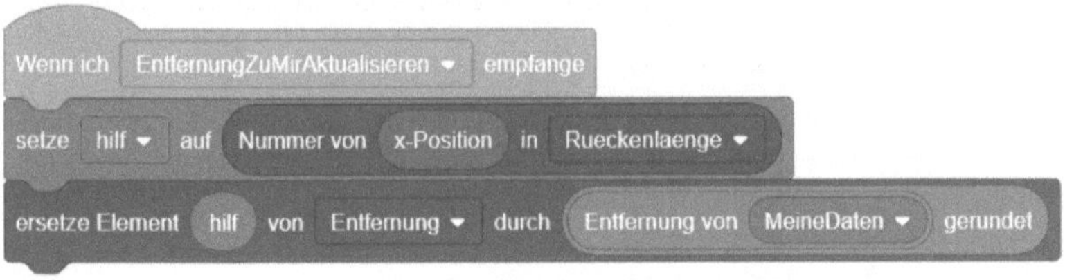

Wenn ich EntfernungZuMirAktualisieren ▼ empfange
setze hilf ▼ auf Nummer von x-Position in Rueckenlaenge ▼
ersetze Element hilf von Entfernung ▼ durch Entfernung von MeineDaten ▼ gerundet

Abbildung 5 : Entfernung wird aktualisiert

4.3 Ziele

Es sollen folgende Unterrichtsziele erreicht und lehrerangeleitet aus den gemachten Erfahrungen der Schüler:innen abstrahiert werden:

A. Das Ziel von k-nächste Nachbarn ist, eine Vorhersage für einen Datensatz zu machen, indem er entsprechend der Mehrheit seiner k nächsten Nachbarn von gegebenen klassifizierten Daten kategorisiert wird.

B. k-nächste Nachbarn ist ein Verfahren des überwachten Lernens. Beim überwachten Lernen werden Muster in den Daten erkannt und aus den Mustern Prognosen für neue Daten abgeleitet. (Geeignet visualisiert wurde dies Prinzip von Seegerer et al. [SMR20].)

C. Die Schüler:innen erkennen, dass die Umsetzung des Verfahrens in Scratch nachvollziehbar ist und nur bekannte Strategien und Befehle verwendet. Bei den Schüler:innen entsteht das Zutrauen, eine Implementierung des Verfahrens prinzipiell bewältigen zu können.

5 Verstärkendes Lernen

5.1 Nutzen der interaktiven Simulation im Kontext einer Geschichte

Ein Roboter soll lernen, den Müll richtig zu trennen, wofür vier verschiedene Container zur Verfügung stehen (Papiercontainer, Gelber Sack, Altglas- und Biomüllcontainer). Bei Betätigung der Leertaste hält der Roboter scheinbar zufällig eine der vier Sorten Müll in der Hand, visualisiert durch verschiedene Kostüme (Zeitung, Milchtüte, Gebäck, Glas) und wechselt entsprechend des Mülls in einen der vier Zustände: Biomuell, Milchtuete, Zeitung, Glas, was in einer Variablen angezeigt wird. Dann wählt der Roboter einen Container, geht dorthin und wirft den Müll hinein. Die Wahl des Containers ist scheinbar zufällig. Bei der falschen Wahl eines Containers erklingt automatisch ein tiefer Ton, bei der richtigen Wahl ein heller Ton. Je mehr Versuche man durchführt (jeweils ausgelöst durch Betätigung der Leertaste), desto öfter wählt der Roboter den richtigen Container. Der Roboter lernt scheinbar, für jede Art von Müll den richtigen Container zu finden.

Abbildung 6 : Roboter wählt den falschen bzw. richtigen Container

5.2 Programmcode erkunden und Umsetzung von Konzepten erkennen

Es wird von den Schüler:innen erkannt, dass die Art von Müll, die der Roboter in der Hand hält, zufällig ausgewählt wird und dass Kostüme der Visualisierung dienen. Für jeden der vier Zustände des Roboters (abhängig von der Art des Mülls) gibt es jeweils eine eigene Liste von möglichen Aktionen. Scratchspezifische Visualisierungen, wie die Bewegung des Roboters zum Container, können als solche erkannt oder transparent gemacht werden. Jeder Zustand „besitzt" eine eigene Liste möglicher Aktionen. Für einen Zustand wird die durchzuführende Aktion zufällig aus seiner Liste ausgewählt. Die Schüler:innen sollen zunächst zu verschiedenen Zeitpunkten der Simulation die Einträge der Listen betrachten. Die vier Listen sind zu Beginn alle auf gleiche Weise mit den Werten P (Papiercontainer), G (Gelber Sack), A (Altglas) und B (Biomüll) gefüllt (Abbildung 7 links). Im Verlauf der Simulation (mehrmalige Durchführung durch mehrmalige Betätigung der Leertaste) verändern sich die Einträge (Abbildung 7 rechts).

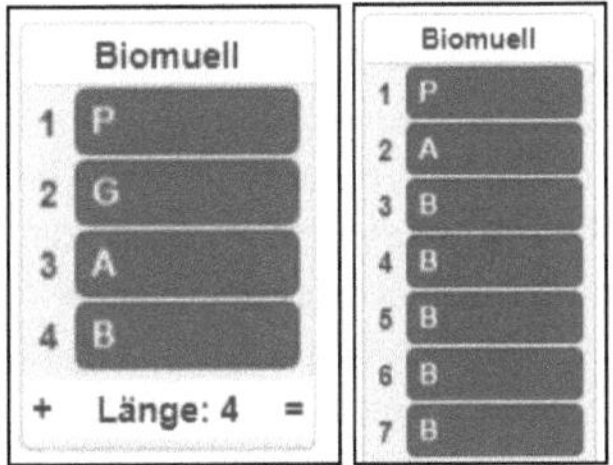

Abbildung 7 : Liste für Zustand Biomuell zu Beginn und einige Zeit später

Ist in einem Zustand zufällig die richtige Aktion ausgewählt worden, wird der Roboter durch eine positive Melodie belohnt und diese Aktion (P, G, A oder B) wird zusätzlich in die Liste der Aktionen für den konkreten Zustand aufgenommen. Dadurch verlängert sich die Liste des Zustands um eine mögliche Aktion. Die Schüler:innen können vielleicht sogar schlussfolgern, dass es damit bei der nächsten zufälligen Wahl einer Aktion für diesen Zustand wahrscheinlicher wird, die „richtige" Aktion zu wählen. Je öfter in einem Zustand zufällig die „richtige" Aktion gewählt wird, desto wahrscheinlicher wird diese bei einer zukünftigen Wahl. Bei einer „falschen" Wahl erklingt eine traurigere Melodie, und außerdem wird für diesen Zustand die „falsche" Aktion (P, G, A oder B) aus der Liste der möglichen Aktionen entfernt. Die Schüler:innen könnten schlussfolgern: wenn der Roboter wieder in diesem Zustand ist, wird er die „falsche" Aktion nicht noch einmal wählen können.

5.3   Ziele

Es sollen folgende Unterrichtsziele erreicht und lehrerangeleitet aus den gemachten Erfahrungen der Schüler:innen in den Schritten 1 und 2 abstrahiert werden:

A. Die Schüler:innen sollen folgendes allgemeine Prinzip für verstärkendes Lernen erarbeiten: Ein Agent kann sich in verschiedenen Zuständen befinden. Für den konkreten Zustand wird eine mögliche Aktion ausgewählt und durchgeführt. Dafür gibt es negatives oder positives Feedback. Davon abhängig wird die Strategie angepasst, die zur Auswahl einer Aktion in einem konkreten Zustand führt. (Geeignet visualisiert wurde dies Prinzip von Seegerer et al. [SMR20].)

B. Die Umsetzung des Verfahrens in Scratch ist nachvollziehbar und verwendet nur bekannte Strategien und Befehle. Bei den Schüler:innen entsteht das Zutrauen, eine Implementierung des Verfahrens prinzipiell bewältigen zu können.

Hier sei zu erwähnen, dass wir hier kein konkretes Verfahren nennen, wie es bei den anderen Beispielen der Fall war, weil die Didaktisierung unserer Meinung nach an dieser Stelle zu weit von einem konkreten Verfahren entfernt ist.

6   Fazit

Wir haben in diesem Artikel drei Verfahren des maschinellen Lernens geeignet
didaktisiert, so dass sie einerseits als interaktive Simulation zur virtuell-enaktiven
Erkundung genutzt werden können, andererseits aber auch der Programmcode in Scratch
von Schüler:innen niedrigschwellig analysiert werden kann. Dabei entsteht hoffentlich
das Zutrauen, auch einer Implementierung der Verfahren im Bereich maschinelles
Lernen „gewachsen" zu sein. Das entdeckende Lernen im Bereich KI ermöglicht
selbstständiges Arbeiten im eigenen Tempo. Der Weg bietet den Schüler:innen auch
einen Ausgangspunkt, den Code selbstständig zu erweitern und zu verändern in einer
vertrauten Programmierumgebung. Diesen methodischen Zugang detailliert in Form von
schrittweisen Arbeitsaufträgen und Projekten am Beispiel Neuronale Netze haben wir in
[BES22] umgesetzt.

Literatur

[BES22]   Brandt, Y., Eickhoff-Schachtebeck, A., Strecker, K. (2022): Schulbuch starkeSeiten
Informatik 9/10. Ausgabe Niedersachsen Gymnasium. Klett-Verlag, ISBN: 978-3-12-
007572-1 (erscheint 08/22)

[Br88]   Bruner, J. (1988). Studien zur kognitiven Entwicklung. Stuttgart: Klett Cotta.

[He96]   Heymann, H.-W. (1996). Allgemeinbildung und Mathematik. Beltz-Verlag.

[HNR07]   Hartmann, W., Näf, M., Reichert, R. (2007). Informatikunterricht planen und
durchführen. Springer-Verlag

[Kr19]   Kress, K. (2019). Binnendifferenzierung in der Sekundarstufe - Das Praxisbuch. Auer
Verlag.

[SLR19]   Seegerer, S., Lindner, A. & Romeike, R., (2019). AI Unplugged – Wir ziehen
Künstlicher Intelligenz den Stecker. In: Pasternak, A. (Hrsg.), Informatik für alle.
Bonn: Gesellschaft für Informatik. (S. 325-334).

[SMR20]   Seegerer, S., Michaeli, T., Romeike, R. (2020). So lernen Maschinen! LOG IN Heft
Nr. 193/194. LOG IN-Verlag

[St20]   Strecker, K. (2020). Realisation of Smart Home applications with Lego Mindstorms
and neural network. International Conference on Informatics in School: Situation,
Evaluation, Problems, http://ceur-ws.org/Vol-2755/ (22.3.22) ISSN:1613-0073

[St22]   Strecker, K. (2022). Eine Unterrichtssequenz zum Einstieg in das Themengebiet
Neuronale Netze. Folien zum Vortrag unter
https://www.uni-goettingen.de/de/aktuelles/611716.html (22.3.22).

[Wi03]   Witten, H., (2003). Allgemeinbildender Informatikunterricht? Ein neuer Blick auf H.
W. Heymanns Aufgaben allgemeinbildender Schulen. In: Hubwieser, P. (Hrsg.),
Informatische Fachkonzepte im Unterricht, INFOS 2003, 10. GI-Fachtagung
Informatik und Schule. Bonn: Gesellschaft für Informatik e.V.. (S. 53-69).

Wie kann Sprachbildung im Informatikunterricht gelingen?

Die Herausforderungen von Sprache im Fach Informatik

Fatma Batur,[1] Torsten Brinda,[2] Tobias Schroedler,[3] Jan Strobl[4]

Abstract: Das fachliche und sprachliche Lernen findet im Fachunterricht immer nur gemeinsam statt. Damit ist eine gezielte Sprachbildung Aufgabe aller Schulfächer. Für den Informatikunterricht gibt es allerdings kaum entwickelte und erprobte Konzepte und Unterrichtsreihen, die unter besonderer Berücksichtigung der Sprachbildung gestaltet sind. In diesem Beitrag werden der Forschungsbedarf für die Sprachbildung im Informatikunterricht aufgezeigt, erste Ansätze zur Analyse sprachlicher Besonderheiten und Herausforderungen im Fach vorgestellt und mögliche Anwendungen im Informatikunterricht diskutiert.

Keywords: Sprache; Sprachbildung; Textsorten; Darstellungsformen; Informatikunterricht

1 Sprachbildung im Informatikunterricht

Unterricht in sprachlich-heterogenen Lerngruppen gehört in Deutschland zum Alltag einer jeden Lehrperson. Ausgehend von einer Adressierung von Schüler*innen, die Deutsch als Zweitsprache sprechen, wird aus sprachwissenschaftlicher und sprachdidaktischer Forschung seit Jahrzehnten eine sprachsensible ([Le13]) bzw. bildungssprachförderliche ([Go20]) Gestaltung von Fachunterricht gefordert, um bekannte Leistungsdefizite bzw. Bildungsungleichheiten, wie sie Studien wie TIMMS und PISA regelmäßig zeigen, zwischen Schüler*innen mit Migrationshintergrund (Deutsch als Zweit- oder Fremdsprache) und den monolingual deutschsprachigen (Deutsch als Erstsprache) Schüler*innen entgegenzuwirken ([Be13]).

Neben dem Bestreben, für Schüler*innen, die Deutsch als Zweitsprache sprechen, eine bessere Lernumgebung zu gestalten, ist es heutzutage Konsens, dass sprachsensibler Fachunterricht lernförderlich für alle Schüler*innen ist ([PW18]).

---

[1] Universität Duisburg-Essen, Didaktik der Informatik, Schützenbahn 70, 45127 Essen, fatma.batur@uni-due.de

[2] Universität Duisburg-Essen, Didaktik der Informatik, Schützenbahn 70, 45127 Essen, torsten.brinda@uni-due.de

[3] Universität Duisburg-Essen, Deutsch als Zweit- und Fremdsprache, Universitätsstr. 12, 45141 Essen, tobias.schroedler@uni-due.de

[4] Universität Duisburg-Essen, Deutsch als Zweit- und Fremdsprache, Universitätsstr. 12, 45141 Essen, jan.strobl@uni-due.de

Die Wirksamkeit von sprachsensiblem[5] Fachunterricht wurde in wenigen Studien mit konventionellen Interventionsdesigns nachgewiesen (u. a. [PW13]). Es besteht grundlegender Forschungsbedarf im Bereich validierter Konzeption von sprachsensiblem Informatikunterricht und der Überprüfung der Wirksamkeit solcher Konzepte. Ferner zeigt Forschung zur Lehrkräfteprofessionalisierung für das Unterrichten in sprachlich heterogenen Lerngruppen einen fortwährend großen Bedarf, angehende Lehrpersonen bestmöglich zu qualifizieren ([SG19]), sie durch die Gestaltung adäquater Lerngelegenheiten im Kompetenzerwerb zu unterstützen ([SS19]) sowie motivational-affektive Kompetenzen hinsichtlich einer mehrsprachigen Schüler*innenschaft zu stärken ([SF20]).

Vor allem in Bezug auf die mathematisch-naturwissenschaftlichen Fächer, in denen Sprachkompetenzen einen erheblichen Einfluss auf den Bildungserfolg haben ([Pr18]; [Gü13b]), ist die fachdidaktische Forschung hinsichtlich entsprechender Konzepte für sprachsensiblen Unterricht vergleichsweise gut fortgeschritten.

Für den Informatikunterricht existieren national wie international nur vereinzelte, spezifische Aspekte adressierende Arbeiten. Lampe und Diethelm [LD19] stellen fest, dass bezogen auf Fachsprache im Informatikunterricht großer Forschungsbedarf sowie Lehrkräftefortbildungsbedarf bestehe. In ihrer Arbeit zeigen sie beispielsweise auf, wie hoch die Diskrepanz der Häufigkeit der verwendeten Fachbegriffe (s. Abb. 1) von Lehrkraft im Vergleich zu den Schüler*innen in einer Informatikunterrichtsstunde sein kann. Weitere Arbeiten befassen sich mit der Analyse von Unterrichtssprache und Zusammenhängen zu anderen informatikdidaktischen Fragestellungen (Programmiersprachenauswahl, Fehlvorstellungen) und resultierendem Forschungs- und Fortbildungsbedarf von Lehrkräften (u. a. [DG14], [DG15], [So18]).

Verwendetes Fachwort	Häufigkeit	Häufigkeit Lehrkraft	Häufigkeit Schüler/innen
Methode(n)	51	49	2
Klasse(n)	20	18	2
private	16	15	1
Getter, get-Methoden	10	9	1
Setter, set-Methoden	8	8	0
Blackbox	8	8	0
protected	6	5	1
public	6	5	1
Sichtbarkeit	4	4	0
Datenkapselung	2	2	0

Abb. 1: Verwendete Fachbegriffe und ihre Häufigkeiten aus [LD19]

---

[5] Inhaltliche und terminologische Klärung zu sprachbewusstem, sprachsensiblem und sprachförderlichem Unterricht, s. [Kr21, 62f]. Im Folgenden: Terminus ‚sprachsensibel‘.

In Vorarbeiten der Autoren wurden international erprobte sprachdidaktische Konzepte wie Genre Based Approach (vgl. [Ta09], [CK93]), das textsortenbasierte Schreiben im Fach ([BR15]) und die Literale Didaktik (vgl. [SE08]), die systematisch sprachliche und fachliche Anforderung verknüpfen, auf ihre Anwendbarkeit im Informatikunterricht untersucht und fachspezifisch angepasst. Entwickelt wurde ein genredidaktischer Ansatz zum Beschreiben von Diagrammen ([BS19]) sowie eine mehrfach durchgeführte Lehrveranstaltung für Informatiklehramtsstudierende zur Sprachbildung im Unterricht ([BS22]).

2 Sprachliche Besonderheiten in der Fachsprache Informatik

Eine weitgehende und systematische sprachliche Analyse von informatischen Fachtexten bzw. Schulbuchtexten fehlt bislang. Um einen Text sprachsensibel zu gestalten, ist die Voraussetzung, die sprachlichen Besonderheiten der Fachtexte (vgl. [Gü13a], [OKF07]) in dem Fach zu kennen. Für eine sprachsensible Unterrichtsplanung muss ein Bewusstsein für mögliche „Stolpersteine" ([Gü13a]) geschaffen werden. Das gezielte Einüben im Umgang mit Fachtexten hilft Schüler*innen „ihr Wissen in eigene Schreibprodukte" ([Gü13a, S. 13]) umzusetzen und ermöglicht das fachliche und sprachliche Lernen im „Unterricht miteinander zu verzahnen bzw. zu integrieren" ([Gü13a, S. 13]).

Erste sprachliche Analysen von Informatik-Schulbuchtexten zeigten auf, dass sich zahlreiche Herausforderungen in der Wort-, Satz- und Textebene identifizieren lassen.

Auf der **Wortebene** weisen die Texte beispielsweise eine Vielzahl an Fachausdrücken (z. B. *Algorithmus, Iterieren, Datenschutz*), Komposita (z. B. *Quelltext, Datenstrukturen, Normalform*), Terminologisierungen (z. B. *Klasse, Objekt, Attribut und Methode*) und Fremdwörter (z. B. aus dem Englischen: *Array, Integer, Thread, debuggen*) auf. In Programmtexten stellt die *sinnvolle* Benennung von Bezeichnern eine Besonderheit dar. In Schulbüchern werden des Öfteren deutsche Begriffe als Bezeichner gewählt, wie z. B. `name`, `vorname` und `alter`. Dies führt mit den Notationskonventionen in Java dazu, dass bekannte grammatikalische Regeln der Deutschen Sprache gebrochen werden. Zudem sorgt eine *Durchmischung* der Sprachen (in diesem Fall Deutsch und Englisch), wie z. B. bei dem Beispiel `getVorname`, eine unübliche Verwendung der natürlichen Sprache und birgt somit mögliche Stolpersteine bei der Erlernung der Programmiersprache. Auch können verschiedene Stile, z. B. für Funktionen die Verwendung eines Verbs im Imperativ oder Infinitiv (z. B. `rechne()` vs. `rechnen()`) oder durch Beschreibung des zurückgegebenen Wertes (z. B. `sqrt()`) möglicherweise zu Verwirrung führen. Eine Möglichkeit, den Unterricht sprachsensibel zu gestalten und Fehlvorstellungen entgegenzuwirken, wäre eine intensive Diskussion der spezifischen Konventionen mit den Schüler*innen hilfreich. Denkbar wäre z. B. die Nutzung von Bezeichnern, die *nicht* sinvoll gewählt werden, um die Funktionsweise der Programmiersprache zu verdeutlichen und die Konventionen zu der *natürlichen* Sprache abzugrenzen. Terminologisierte Wörter mit anderer bzw. weniger spezieller Bedeutung kennen die Schüler*innen beispielsweise bereits aus ihrem Alltag oder aus einem anderen fachlichen Zusammenhang. Bei der Einführung dieser Begriffe sollte auf eine klare Darlegung geachtet und ggf. zu der alltäglichen Bedeutung eine Abgrenzung geschaffen werden ([Gü13a]).

Auf der **Satzebene** können einerseits Fließtexte andererseits auch Programmcode bzw. Pseudocode überfordern. Beim Formulieren von Pseudocode sollen Schüler*innen beispielsweise mit der natürlichen Sprache komplexe Anweisungen konstruieren, wobei sie ihnen bekannte Regeln der natürlichen Sprache vernachlässigen müssen. Vor allem Lehrwerke für die gymnasiale Oberstufe[6] weisen oft lange und verschachtelte Sätze mit komplexen Attribuierungen auf, zudem finden sich explizite und implizite Verweise auf andere Sätze oder Abschnitte. Ein weiterer Aspekt ist die Verwendung von **Methaphern** in informatischen Kontexten, die häufig als Hilfsmittel genutzt werden und vermeintlich als *einfacher* angesehen werden. Diethelm et al. diskutieren in [DGL18] die regelmäßige Verwendung von Methaphern im Informatikunterricht. Als Beispiele werden u. a. genannt „Der Computer speichert die vorherigen Ausführungen."[7] ([DGL18, S. 211]) und die damit verbundenen möglichen Fehlvorstellungen, die das Erlernen im Informatikunterricht erschweren. In [DGL18, S. 217/218] geben Diethelm et al. zudem mehrere Vorschläge den Unterricht sprachsensibel zu getalten. Unter anderem schlagen sie vor, dass man Schüler*innen regelmäßig anhalten soll, informatische Konzepte und Phänomene in ihrer Alltagssprache zu formulieren, damit sie ihr informatisches Wissen auch *Fachfremden* erläutern können.

Auf der **Textebene** sind die Vielzahl der Textsorten im Informatikunterricht sowie die verschiedenen Darstellungsformen, die die Schüler*innen beherrschen müssen, zu nennen.

3   Textsortenbasierte Sprachbildung

Im Informatikunterricht arbeiten Schüler*innen mit einer Vielfalt von Textsorten bzw. Darstellungsformen. Dabei stellt vor allem die enge Verknüpfung von kontinuierlichen (z. B. Fließtext) und diskontinuierlichen[8] (z. B. Diagramme/Schaubilder) Texten mit vielen Verknüpfungen zwischen diesen eine Besonderheit im Fach dar. Die verschiedenen Textsorten[9] im Informatikunterricht ließen sich z. B. wie folgt einteilen:

- **Schematische Darstellungen** (z. B. grafische/ bildliche Darstellung von Algorithmen/ Prozessen)

- **Diagrammatische Darstellungen** (z. B. Struktogramm, UML-Klassendiagramm, Datenstruktur, Zustandsdiagramm, ER-Diagramm)

---

[6] Eine ausführliche Analyse von zwei Schulbuchtexten zum Themenbereich *Datenstrukturen* auf Wort-, Satz- und Textebene kann in [D'21] nachgelesen werden. Abrufbar unter: `https://udue.de/bachelorarbeitdagate`.

[7] eigene Übersetzung, original: „computer memorizes previous activities"

[8] `https://www.schulentwicklung.nrw.de/e/lernstand8/fachbezogene-informationen/deutsch/lesen/diskontinuierliche-texte/index.html` [abgerufen am 28.04.2022]

[9] In dieser Einteilung stellt die Textsorte *Pseudocode* einen Sonderfall dar, da sie gleichzeitig als eine formal- und natürlichsprachliche Darstellung betrachtet werden kann.

- **Formalsprachliche Darstellungen** (z. B. Quellcode, Datenbankschema, Grammatik)

- **Natürlichsprachliche Darstellungen** (z. B. Beschreibung, Erklärung, Anforderungstext, Dokumentation)

Auch Siebrecht ([Si18]) regt eine „fachdidaktische Auseinandersetzung mit typischen Textsorten im Informatikunterricht" an, um „die besondere[n] Eigenschaften von Texten didaktisch angemessen" für die Unterrichtsgestaltung zu berücksichtigen. Dabei zeigt er auf, dass eine Charakterisierung der Textsorten nach verschiedenen Abstraktionsniveaus (s. Abb. 2) möglich ist und kategorisiert informatikspezifische Texte nach *Quelltext, Hypertext, Fließtext, Metatext* ([Si18]).

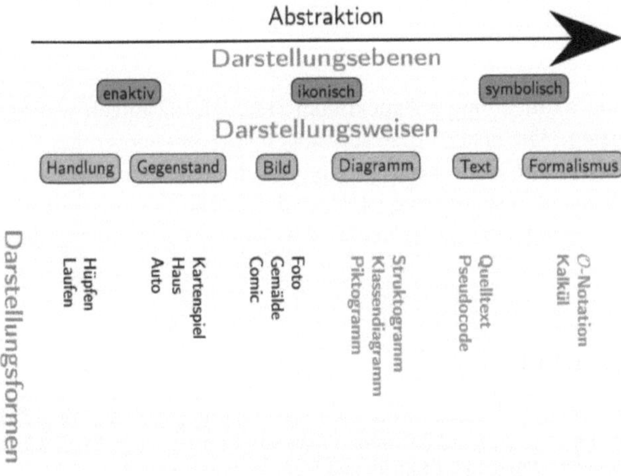

Abb. 2: „Darstellung in informatischen Bildungsprozessen" aus [Si18]

Schüler*innen sollen einerseits die verschiedenen Darstellungsformen verstehen und selbst erstellen können, und andererseits auch den Wechsel einer Darstellungsform in eine andere vollziehen können. Typischerweise sollen Schüler*innen z. B. im Inhaltsbereich Algorithmen einen Sachverhalt (bspw. eine schematische Darstellung) in einen Pseudocode und/oder in einen Flussdiagramm überführen und diesen dann letzendlich in ein Quellcode *übersetzen*.

Textsorten ergeben sich auch z. T. aus den fachtypischen Operatoren[10]: z. B. *beschreiben*: Diagrammbeschreibung, *erklären*: Erklärung eines Algorithmus, *implementieren*: Erstellung eines Quellcodes. Eine Auseinandersetzung mit den Operatoren ist somit für eine textsortenbasierte Sprachbildung unabdingbar. Operatoren fordern sprachliche Handlungen ein, wie z. B. *beschreiben, erklären, vergleichen, begründen.* Zur Realisierung der sprachlichen Handlungen müssen die Schüler*innen spezifische sprachliche Mittel verwenden. Beispielsweise

---

[10] Die aktuelle Operatorenliste für die gymnasiale Oberstufe in NRW ist hier abrufbar: `https://www.standardsicherung.schulministerium.nrw.de/cms/zentralabitur-gost/faecher/fach.php?fach=15` [abgerufen am 28.04.2022]

sollen sie mit *erklären/begründen* kausale Beziehungen herstellen, indem sie sprachliche Mittel wie *weil, daher, deshalb, aus diesem Grund* verwenden. Jede Textsorte (und jeder Operator) hat zudem einen typischen Aufbau; einen typischen Wortschatz (themenspezifisch und -übergreifend) mit typischen Kollokationen; bestimmte Zusammenhänge, die (in den einzelnen Abschnitten) im Text gehäuft oder ausschließlich vorkommen und weitere grammatische und stilistische Anforderungen (z. B. Unpersönlichkeit). Es ist möglich und sinnvoll, für jede Textsorte und jeden wesentlichen Operator diese sprachlichen Anforderungen gezielt aufzubauen und zu schulen. In [BS19] wird beispielsweise aufgezeigt, wie eine Beschreibung eines Klassendiagramms mithilfe des textsortenbasierten Lehr-Lern-Zyklus (vgl. [Gü18]) in einem sprachsensiblen Informatikunterricht behandelt werden könnte.

4 Ausblick

In diesem Beitrag wurden einige Aspekte der Herausforderungen von Sprache im Fach Informatik dargelegt. Die ersten Analysen zeigen auf, dass ein großer Forschungsbedarf besteht, da viele *Vermutungen* aus der Praxis noch nicht oder nicht weitgehend genug untersucht worden sind. Insbesondere ist durch die Einführung des Pflichtfachs Informatik in NRW ein besonderer Forschungsbedarf entstanden, der nicht vernachlässigt werden sollte.

Literaturverzeichnis

[Be13]   Becker-Mrotzek, Michael; Schramm, Karen; Thürmann, Eike; Vollmer, Helmut J., Hrsg. Sprache im Fach: Sprachlichkeit und fachliches Lernen, Jgg. Band 3 in Fachdidaktische Forschungen. Waxmann, Münster and New York and München and Berlin, 2013.

[BR15]   Beese, Melanie; Roll, Heike: Textsorten im Fach - zur Förderung von Literalität im Sachfach in Schule und Lehrerbildung. In (Benholz, Claudia; Frank, Magnus; Gürsoy, Erkan, Hrsg.): Deutsch als Zweitsprache in allen Fächern. Fillibach bei Klett, Stuttgart, 2015.

[BS19]   Batur, Fatma; Strobl, Jan: Discipline-Specific Language Learning in a Mainstream Computer Science Classroom. In: Proceedings of the 14th Workshop in Primary and Secondary Computing Education. ACM, New York, NY, USA, S. 1–4, 2019.

[BS22]   Batur, Fatma; Strobl, Jan: Sprachbildung im Informatikunterricht. In: Sprachbildung in der Lehramtsausbildung Mathematik, Springer eBook Collection, S. 140–149. Springer Berlin Heidelberg, Berlin, Heidelberg, 2022.

[CK93]   Cope, Bill; Kalantzis, Mary: The Powers of Literacy: A Genre Approach to Teaching Writing. University of Pittsburgh Press, London, 1993.

[D'21]   D'Agate, Elcin: Sprachbildung im Informatikunterricht – Vergleich zweier Schulbuchtexte der Sekundarstufe II zu Datenstrukturen. Bachelorarbeit, Universität Duisburg-Essen, Essen, 2021.

[DG14]   Diethelm, Ira; Goschler, Juliana: On human language and terminology used for teaching and learning CS/informatics. In (Schulte, Carsten; Caspersen, Michael E.; Gal-Ezer, Judith, Hrsg.): WiPSCE 2014. ICPS, ACM, New York, S. 122–123, 2014.

[DG15]   Diethelm, Ira; Goschler, Juliana: Questions on Spoken Language and Terminology for Teaching Computer Science. In (Dagienė, Valentina; Schulte, Carsten; Jevsikova, Tatjana, Hrsg.): Proceedings of the 2015 ACM Conference on Innovation and Technology in Computer Science Education. ACM, New York, NY, S. 21–26, 2015.

[DGL18] Diethelm, Ira; Goschler, Juliana; Lampe, Timo: Language and Computing. In (Sentance, Sue; Barendsen, Erik; Schulte, Carsten, Hrsg.): Computer science education, S. 207–219. Bloomsbury Academic, London and New York and Oxford and New Delhi and Sydney, 2018.

[Go20]   Gogolin, Ingrid; Lengyel, Drorit; Lange, Imke; Bainski, Christiane; Michel, Ute; Rutten, Sabine; Scheinhardt-Stettner, Heidi, Hrsg. Durchgängige Sprachbildung: Qualitätsmerkmale für den Unterricht, Jgg. Band 10 in FörMig Material. Waxmann, Münster and New York, 2., überarbeitete auflage. Auflage, 2020.

[Gü13a] Günther, Katrin; Laxczkowiak, Jana; Niederhaus, Constanze; Wittwer, Franziska: Sprachförderung im Fachunterricht an beruflichen Schulen. Individuelle Förderung. Cornelsen, Berlin, 1. aufl.. Auflage, 2013.

[Gü13b] Gürsoy, Erkan; Benholz, Claudia; Renk, Nadine; Prediger, Susanne; Büchter, Andreas: Erlös = Erlösung? Sprachliche und konzeptuelle Hürden in Prüfungsaufgaben zur Mathematik. Deutsch als Zweitsprache, (1):14–24, 2013.

[Gü18]   Gürsoy, Erkan: , Genredidaktik: Ein Modell zum generischen Lernen in allen Fächern mit besonderem Fokus auf Unterrichtsplanung, 2018.

[Kr21]   Krosanke, Nadine: Entwicklung der professionellen Kompetenz von Mathematiklehramtsstudierenden zur Bedeutung von Sprache: Eine qualitative Studie zur professionellen Unterrichtswahrnehmung und der Kompetenz zur Analyse von Textaufgaben. Springer eBook Collection. Springer Spektrum, Wiesbaden, 2021.

[LD19]   Lampe, Timo; Diethelm, Ira: Transkriptanalyse einer Informatik-Unterrichtsstunde. In (Butler, Martin; Goschler, Juliana, Hrsg.): Sprachsensibler Fachunterricht: Chancen und Herausforderungen aus interdisziplinärer Perspektive, S. 203–219. Springer Fachmedien Wiesbaden, Wiesbaden, 2019.

[Le13]   Leisen, Josef: Handbuch Sprachförderung im Fach: Sprachsensibler Fachunterricht in der Praxis : Grundlagenwissen, Anregungen und Beispiele für die Unterstützung von sprachschwachen Lernern und Lernern mit Zuwanderungsgeschichte beim Sprechen, Lesen, Schreiben und Üben im Fach. Ernst Klett Sprachen, Stuttgart, 2013.

[OKF07] Ohm, Udo; Kuhn, Christina; Funk, Hermann: Sprachtraining für Fachunterricht und Beruf: Fachtexte knacken - mit Fachsprache arbeiten. FörMig Edition. Waxmann, 2007.

[Pr18]   Prediger, Susanne; Wilhelm, Nadine; Büchter, Andreas; Gürsoy, Erkan; Benholz, Claudia: Language Proficiency and Mathematics Achievement. Journal für Mathematik-Didaktik, 39(S1):1–26, 2018.

[PW13]   Prediger, Susanne; Wessel, Lena: Fostering German-language learners' constructions of meanings for fractions—design and effects of a language- and mathematics-integrated intervention. Mathematics Education Research Journal, 25(3):435–456, 2013.

[PW18]   Prediger, Susanne; Wessel, Lena: Brauchen mehrsprachige Jugendliche eine andere fach- und sprachintegrierte Förderung als einsprachige? Zeitschrift für Erziehungswissenschaft, 21(2):361–382, 2018.

[SE08]   Schmölzer-Eibinger, Sabine: Lernen in der Zweitsprache: Grundlagen und Verfahren der Förderung von Textkompetenz in mehrsprachigen Klassen: Zugl.: Graz, Univ., Habil.-Schr., 2007, Jgg. 5 in Europäische Studien zur Textlinguistik. Narr, Tübingen, 2008.

[SF20]   Schroedler, Tobias; Fischer, Nele: The role of beliefs in teacher professionalisation for multilingual classroom settings. European Journal of Applied Linguistics, 8(1):49–72, 2020.

[SG19]   Schroedler, Tobias; Grommes, Patrick: Learning about Language: Preparing pre-service subject teachers for multilingual classroom realities. Language Learning in Higher Education, 9(1):223–240, 2019.

[Si18]   Siebrecht, Daniel: Textsorten im Informatikunterricht- Ideen einer Kategorisierung zwischen Medium und Lerngegenstand. In (Thomas, Marco; Weigend, Michael, Hrsg.): 8. Münsteraner Workshop zur Schulinformatik. Gesellschaft für Informatik, Bonn, 2018.

[So18]   Soosai Raj, Adalbert Gerald; Ketsuriyonk, Kasama; Patel, Jignesh M.; Halverson, Richard: Does Native Language Play a Role in Learning a Programming Language? In (Barnes, Tiffany; Garcia, Dan; Hawthorne, Elizabeth; Pérez Quiñones, Manuel; Education, A. Special Interest Group on Computer ScienceC.M., Hrsg.): SIGCSE '18. Association for Computing Machinery, New York, New York, S. 417–422, 2018.

[SS19]   Schroedler, Tobias; Stangen, Ilse: Zusammenhänge zwischen handlungsorientierten und thematischen Lerngelegenheiten und der DaZ-Kompetenz angehender Lehrkräfte. In (Ehmke, Timo; Kuhl, Poldi; Pietsch, Marcus, Hrsg.): Lehrer. Bildung. Gestalten, S. 176–189. Beltz Juventa, Weinheim and Basel, 2019.

[Ta09]   Taufik, Nugroho Hafrizon: Introduction to Genre Based Approach. Ministry of National Education: Directorate General of Quality Improvement of Teachers and Education Personnel, Jakarta, 2009.